日本妖怪異聞録

小松和彦

講談社学術文庫

学術文庫版まえがき

幼いころ、父が聞いていたラジオから、「むかし丹波の大江山、鬼ども多く、籠《こ》もりいて、都に出ては人を食い、金銀財宝盗みゆく」という歌詞の歌が流れてきた。その内容に心惹《ひ》かれたので、これはどういう歌なのかを父に尋ねたところ、大江山にすむ鬼を「らいこう」（源《みなもとのよりみつ》 頼光）や「金太郎」（坂田公時《さかたのきんとき》）が退治したという言い伝えを歌にしたものだ、と説明してくれたが、父の説明も歌詞以上のものではなかった。だが、耳に強く残ったのは、「らいこう」とは「牛若丸」（源義経）の親戚であるということであった（余談になるが、その後調べたところ、この歌は明治三十四年〈一九〇一〉に作られた幼年唱歌の「おおえやま」で、わたしが記憶していた「金銀財宝盗みゆく」のところは「金や宝を盗みゆく」となっていた。記憶違いだったようである）。

そのとき以来、ずっとこの言い伝えが気になっていた。いつか機会があったら調べてみようと思っていたが、なかなか原典にあたるというまでにはいかなかった。

それが出来るようになったのは、大学に入り文化人類学や民俗学を研究するようになってからで、説話伝説研究の一環として、源氏の宝刀伝説や怪物退治と異類婚姻の関係などを追っていたときに、その原典に触れることになったのであった。

ところが、意外なことに、幼年唱歌にまでなっていたにもかかわらず、手軽に入手できる鬼退治などの話を扱った概説書や研究書がほとんど無かったのである。わたしには、まとまった本が無いのが驚きであった。しかたなく、わずかな研究論文を手がかりに、その種の伝承の原典類を探し求め、人類学の観点からの論文をいくつか発表してみた。この話はおもしろいぞ、という一念に導かれてのことである。

どういう経緯であったかはわからないが、そのような研究をしているわたしのことが小学館の少年向け雑誌「ワンダーライフ」の編集者の耳に入ったらしく、大江山の酒呑童子などの話を詳しく紹介した連載エッセイを書いて欲しい、という依頼を受けた。依頼の内容は、「現代の子どもたちは、たとえば永井豪の『手天童子』は知っていても、彼がアイデアを得た中世の酒呑童子の話をちゃんとは知らないので、日本の有名な妖怪変化の身上調書を原典にそくしながら、要領よく書き上げて欲しい」というものであった。

つねづね中世の妖怪物語についての手軽な概説書がないことを嘆いていたわたしは、願ってもない話だと思い、一も二もなく引き受けた。妖怪変化のたぐいはたくさんいるので、素材には事欠かない。だから気軽に書けるだろうと思っていたのだ。

しかし、連載をはじめると、思いのほか肩に力が入ってしまう。あれも書きたい、これも書き込んでおきたい、とあれこれ思っているうちに、予定の枚数をはるかに越えてしまうのであった。このため、連載当初は、書きたいことと原稿枚数の制限との板挟みに苦しまねばならなかった。

ところが、連載も後半になると、別の苦しみが待っていた。編集者は当初の希望通りの原稿になったと満足していたようであるが、連載に追われて今度は時間不足に悩まされることになったのだ。ようするに、もっと関連した資料を挙げて考察を深めたかったのだが、時間切れでほどほどのところで切り上げざるをえなかったわけである。したがって、後半の部分は不満がとても残っている。「大嶽丸」や「橋姫」の章などは将来機会があれば書き直したいと思っている。いや、本音をいえば、すべてにわたって枚数制限を気にすることなく、存分に書いてみたいと思っている。それほどわたしには魅力的な物語世界なのである。

いずれにしても、本書は、少年向けということもあって気楽に書いたものであったが、ありがたいことに、この手の類書がなかったこともあってか、読書界からは快く迎えてもらい、今度はこうして学術文庫として、改めて世に送り出していただくことになった。本書が、読者にとって、これまでとはひと味ちがった日本文化への案内書の一つとなれば幸いである。

小松和彦

二〇〇七年六月

目次

写真協力／学習院女子大学教授　徳田和夫

日本妖怪異聞録

第一章　大江山の酒呑童子

日本妖怪変化史最強のヒーロー

いまからちょうど千年もの昔、第六十六代一条《いちじょう》天皇の治世《ちせい》（九八六―一〇一一）のとき、日本妖怪変化史《ようかいへんげし》のうえで、最強の妖怪として今日までその名をとどろかせている、大江山（京都府北西部にある山）に棲《す》む鬼の首領酒呑童子《しゅてんどうじ》（酒顚童子、酒天童子、酒伝童子、酒典童子などとも）とその一党が退治された。

一説によれば、酒呑童子たちが京の都に出没するようになったのは、永延《えいえん》の頃（九八七―九八九）からで、その討伐《とうばつ》隊が京を発って大江山に向かったのは、正暦《しょうりゃく》三年（九九二）九月十六日であったという。また、ある説によれば、これよりほんの少し下がって、正暦（九九〇―九九五）の頃に、都やその近辺の村々に鬼たちが出没して人びとを苦しめ、その討伐隊の出発は長徳《ちょうとく》元年（九九五）十一月一日だったという。

これらにしたがえば、正暦三年もしくは長徳元年が酒呑童子の退治された記念すべき年ということになるだろう。

もっとも、一条天皇の時代の史料を当たってみても、酒呑童子という鬼を退治したという記録はもちろんのこと、酒呑童子という名さえも見出すことはできない。すなわち、酒呑童子退治は史実ではなく、フィクションの世界のなかでの出来事なのである。

酒呑童子の物語は、南北朝時代の頃までには一つのパターン化された物語として定着していたらしく、それをふまえて派生した物語がさらに創作されながら、絵巻に描かれたり、能の素材にされたり、歌舞伎や人形浄瑠璃《じょうるり》になったり、また浮世絵の素材にもなって人びとに語り伝えられることになった。今日でもなお、映画や小説、コミックなどのなかに、そのストーリーや名前やキャラクターなどが大いに利用されている。たとえば、栗本薫の伝奇SF小説『魔界水滸伝《すいこでん》』もその一つである。

このように、酒呑童子はフィクションのなかの妖怪・鬼神《きじん》である。けれども、それが日本の歴史、日本の文化史に果たした役割はまことに大きい。なにしろ、酒呑童子説話を描いた最古の絵巻（逸翁《いつおう》美術館蔵）は国宝に指定されているほどの高い文化的価値を持っている。

しかしである。わたしたちは、小説などにもその名が登場する酒呑童子という鬼が、どのような鬼として語られていたのかをよく知らないのではなかろうか。どうしてこの世に生まれ、どうして退治されることになったのか、どんな姿かたちをしていたのか。

というわけで、これから、この酒呑童子についての物語を紹介し、その身上書を作成しておくことにしよう。

酒呑童子物語を推理する

酒呑童子物語とは、一般には大江山に棲む酒呑童子たちが源頼光《みなもとのよりみつ》（天暦二年〈九四八〉—治安元年〈一〇二一〉）たちに退治されるという、きわめて単純なストーリー展開の話である。頼光は、正しくは「よりみつ」であるが、妖怪退治譚《たん》では、雷公をイメージさせる「らいこう」と読まれることが多い。

酒呑童子物語を書き記したテキスト（伝本）はたいへん多いのだが、まず、ここではもっとも古い逸翁美術館蔵『大江山絵詞』に主としてよりながら、その内容をざっと見てみよう。

行方不明の者を占う

正暦の頃、都の内外、近国遠国《きんごくおんごく》で、貴賤《きせん》、男女を問わず、行方不明になったり殺されたりするという事件が次々に発生した。今日風に表現すれば、無差別連続誘拐・殺人事件である。

そんなおり、御堂入道《みどうのにゆうどう》（藤原道長《ふじわらのみちなが》）の子息が行方不明となり、そこで当代一の占い上手《じようず》であった陰陽師《おんみようじ》の安倍晴明《あべのせいめい》を招いて占わせたところ、都より西北に当たる方角に大江山という山があり、その山に棲む鬼のしわざである、と占い判じた。

これを聞いた御堂入道は、その次第を内裏《だいり》に奏聞《そうもん》し、帝《みかど》が諸臣を参内《さんだい》させて朝議《ちようぎ》を開くことになった。さっそく四人の武士を召し、討伐せよと命じるが、姿の見えない鬼神《おにがみ》にはとても勝つ自信がないと辞退した。そこで、改めて摂津守《せつつのかみ》源頼光と丹後守藤《たんごのかみふじ》原保昌《わらのやすまさ》の両将に、鬼神討伐の勅命《ちよくめい》が下ったのであった。両将は、八幡、住吉、日吉、熊野に参詣《さんけい》して、鬼神退治が首尾よく運ぶようにとの祈願をしたうえで、長徳元年十一月一日、配下の武士を従えて大江山に向けて出発した。

安倍晴明は妖怪祓い師

ところで、ここで見逃せないのは、占いのために召された安、倍、晴、明である。つい数年前までは、安倍晴明の名前も、彼が職業とした陰陽師といったことさえも、現代人の多くは知らなかったのだが、荒俣宏《あらまたひろし》の『帝都物語』や岡野玲子のコミック『陰陽師』（原作、夢枕獏）がベストセラーになったことが一大契機となって、いまやたいへん注目を集めている人物だといっていいかと思う。

余談になるが、安倍晴明は陰陽道の大家として存命中からその名を天下に知られており、伝説によれば、藤原道長の呪的《じゅてき》ボディーガードを務めていたという。彼は多くの怪異譚のなかに姿を見せ、しかも占い上手であっただけでなく、呪術で妖怪変化のたぐいを追い払う呪術師でもあった。

たしかに、この場面では、晴明は占いをするだけである。しかし、この物語のなかでも、彼は鬼神たちが京の都に侵入してくるのを防ぎ止めるための呪術を使っていたのである。

この物語のなかで、酒呑童子に使われている身分の卑しい女が、頼光や保昌たちに酒呑童子の様子をこんな風に語る。

「この頃、都では、晴明という者が、泰山府君《たいざんふくん》（七―八世紀頃の最強の呪法）という祭りを行なっているため、式神《しきじん》（陰陽師が使役する鬼神）、護法《ごほう》（密教僧や修験者が使役する鬼神）が国土を巡察していて、入り込む隙がない。都から人を奪い取ることができないまま、むなしく山に戻ってくるときは、酒呑童子は腹立たし気に、胸をたたき、歯をくいしばり、目を怒らしている」

つまり、晴明は陰陽道の悪霊祓《ばら》いの儀礼＝泰山府君祭をすることで、鬼たちの侵入をそれなりに防いでいたのである。そのために活動していたのが、陰陽師たちが呪力で操るという式神であり、修験者《しゆげんじや》（山伏《やまぶし》）が同様に操るという護法童子であった。晴明は熊野三山で修験者としての修行を積んだとの伝説もあるので、彼はその両者を動員していたというわけである。

酒呑童子の年齢は？

さて、大江山へ向かう途中、一行は白髪の老人たちに出会って、「武士の姿では鬼退治はできない。山伏姿に身をやつし、負《おい》（笈）のなかに甲冑《かつちゆう》を忍ばせて、しかるべきときに甲冑を身につけよ」との助言と、鬼を殺す「神変鬼毒《じんぺんきどく》の酒」を授かる。助言に従って、山奥深く入っていくと、血のついた衣服を洗っている老女に出会う。

この女は、もとは生田《うだ》の里の女で、鬼王（酒呑童子）に誘拐されて食べられそうになったのだが、骨が太く、筋も固いようなので、洗濯女をさせられていたのだった。鬼も、柔肌《やわはだ》のおいしそうな人間を選んで食べていたというわけである。聞けば、すでにこの山に連れて来られてから、二百年以上もの歳月が経《た》っているという。

さりげなく老女は、「二百年あまりになる」と述べているのだが、わたしたちには見逃せない、とても重要な発言である。というのは、もし酒呑童子がこの山に棲みついてすぐにこの老女を誘拐したと仮定すると、大江山に酒呑童子がやって来た時代は、京の都が建設されてほどない、桓武《かんむ》天皇の時代であったということになる。長徳元年から二百年前は延暦《えんりやく》十四年（七九五）である。

頼光と保昌は、この老女にこの山の様子をいろいろと尋ねた。その答えを手短に述べると、頼光たちが通り抜けて来た洞窟《どうくつ》のこちら側を「鬼かくしの里」といい、洗濯場の川のすぐ上に「鬼王の城」があって、八足《やつあし》の門を構え、酒呑童子と書かれた額がかけられている。

その主人の姿は童子の姿で、ことのほか酒を愛し、京から誘拐した貴族の姫君たち

源頼光の一行が山伏姿になり，笈の中に甲冑を忍ばせて山奥深く入っていくと，血のついた衣を洗っている洗濯女に出会う。そこで，鬼王の城への道筋や中の様子などを教えてもらう（狩野元信画『酒伝童子絵巻』サントリー美術館蔵）

や奥方たちを侍《はべ》らせ、あるいは彼らを料理して食べているが、風流の心も持ち、ときどき笛を吹いて遊ぶこともあるという。酒呑童子という名はここからきているのである。

　老女はまた、酒呑童子は、天台座主《ざす》の慈覚大師《じかくだいし》（円仁《えんにん》。延暦十三年〈七九四〉—貞観六年〈八六四〉）の弟子で御堂

童子姿で現われた酒呑童子は，山伏姿の頼光たちを見て気をゆるす
（狩野元信画『酒伝童子絵巻』サントリー美術館蔵）

入道の子息でもあるという、まだ幼い稚《ち》児《ご》を誘拐してきたのだが、諸天、善神が集まり来たってこの稚児を守護するので、鬼王も扱いかねている、という話もする。

こうして老女から予備知識をえた一行は、老女の案内で鬼王の城に入り、廻国《かいこく》修行する山伏で道に迷った者であるとい

山伏姿に安心した鬼たちは，酒宴をもうけて頼光らを歓迎する。童子は頼光たちに酒を傾けつつ，身の上話をしはじめる……（狩野元信画『酒伝童子絵巻』サントリー美術館蔵）

つわって、一夜の宿を乞《こ》うことに成功する。

ということは、酒呑童子たちと山伏たちとはきわめて親しい間柄ということになる。酒呑童子たちは山岳修行者、廻国修行者としての山伏集団からの落伍《らくご》者の集団であったのかもしれない。

それはさておき、山伏姿に安心した鬼たちは酒宴をもうけて頼光たちを歓迎する。やがて姿を現わした酒呑童子は、童子姿でまことに知恵深そうに見えた、と語られている。この点も気になるところである。酒呑童子は、天才的頭脳のゆえに、人間社会から排除されて、鬼にされてしまったのかもしれない。

その酒宴の席で、童子は頼光たちと酒を傾けつつ、身の上話をする。酒をこよなく愛するがために家来たちから「酒呑童子」と呼ばれていること、昔は平野山《ひらのさん》（比良《ひら》山系）を先祖代々の所領としていたが、伝教大師（日本天台宗の開祖、最澄《さいちょう》のこと）という僧がやってきて、根本中堂《こんぽんちゅうどう》（延暦寺《えんりゃくじ》）という寺を建てたので、このわたしは身の置き所がなくなり楠木《くすのき》に変化してさまざまに妨害をしたが、大師はこれを見破って「楠木を切れ」と命じたので、力及ばずとさとってその場を逃げ出し、仁明《にんみょう》天皇の代、嘉祥《かしょう》二年（八四九）からこの山に棲みついて、王威も民力も神仏の加護も薄れる時代の来るのを待っていた、と。

そうだとすると、酒呑童子が大江山に来たのは、長徳元年からおよそ百五十年前のことであり、洗濯女の老女はそれ以前に誘拐されたのか、それとも老女の記憶違いということになる。だが、いずれにしても、酒呑童子は大変な年齢であることになるだろう。ここには神仙の思想の影響をみることができそうである。

酒呑童子の最期

そうこうしているときに、神がみが頼光たちに授けてくれた、鬼にとっては強力な毒となる酒を、童子たちにすすめて飲ませることに成功する。そして、神がみの案内で城を見て回ると、御堂入道の子息が善神たちに守られている光景や、人を鮨《すし》にしている光景、古い死骸が苔《こけ》むし、新しい死骸は塚をなしているという、目をそむけたくなる光景、さらに唐人《とうじん》たちまでも捕らえられ閉じ込められている光景を目のあたりにする。

さて、日も傾きかけた頃に、特別サービスということであろうか、童子の家来の鬼たちが美しい女に変化して、頼光のところにやってきた。頼光がしつこく居座る女

酒に酔った童子は寝所に戻り美女たちをはべらせて横になったが，昼の童子姿とはうって変わって正体を現わし巨大な鬼の姿になっていた（狩野元信画『酒伝童子絵巻』サントリー美術館蔵）

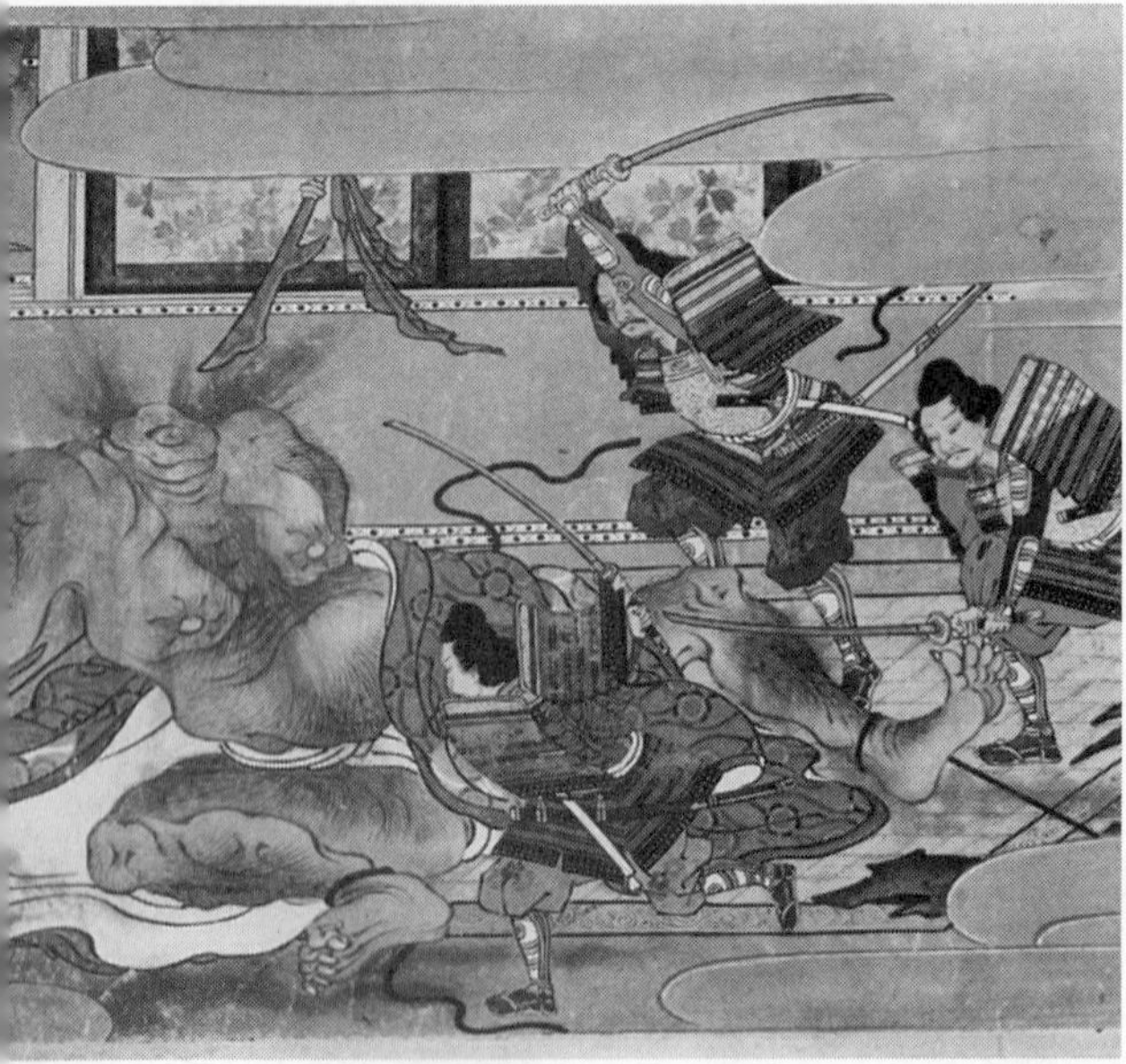

（鬼）たちを身辺から追い払ってからほどなくしてのこと、黒雲にわかに立ち下り、四方は闇夜のごとく、強い風が吹きすさび、雷電震動するなかで、鬼たちの田楽《でんがく》踊りが披露されることになる。簡単にいえば、酒の酔いが回って余興に入ったということであろう。しかし、この踊りをする鬼たちも、

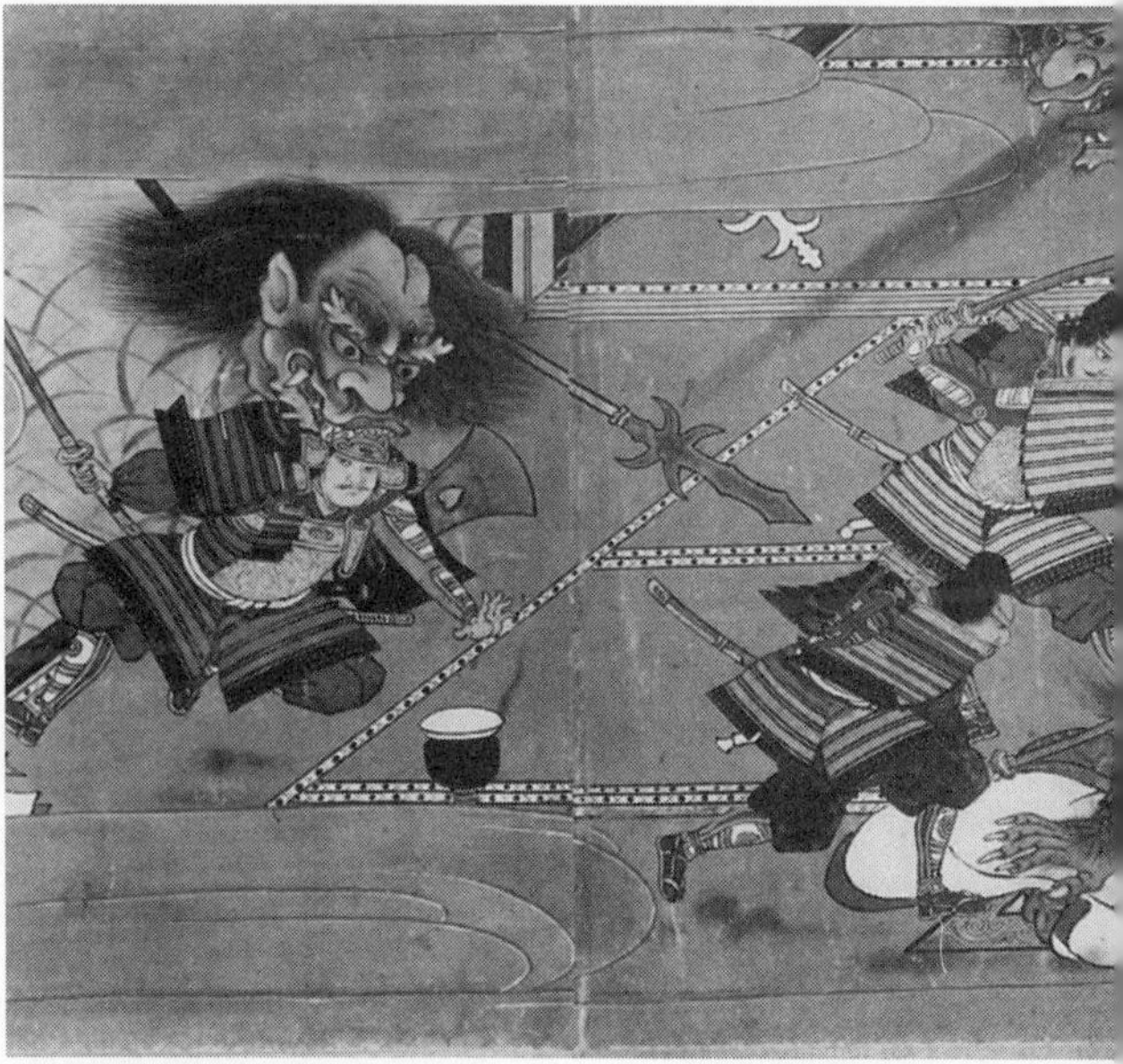

寝入る酒呑童子を甲冑に身を固めた頼光，保昌たちが急襲する（狩野元信画『酒伝童子絵巻』サントリー美術館蔵）

それを厳しい眼差《まなざ》しで見詰める頼光に怖れをなし、踊り途中で逃げ出してしまうのであった。

酔った童子は寝所《しんじょ》に戻り美女たちをはべらせて寝ていたが、昼の童子姿とはうって変わって、正体を現わし、巨大な鬼の姿になっていた。その姿というのが、頭と身は赤、左の足は黒、右の手は黄、右の足は白、左手は青と五色の色で、眼は十五、角は五つというから、想像しただけでも恐ろしい。鬼の体を五色に色分けしているのは、明らかに陰陽道の影響である。

寝入る酒呑童子を、甲冑に身を固めた頼光、保昌たちが急襲する。四人の武士がその手足を押さえつけ、頼光が狙《ねら》いをつけて、その首を切り落とそうとする。と、この者どもにたばかられて、手足を押さえつけられているため、首だけを持ち上げ、「これらの者どもにたばかられて、こんな様《ざま》になっている。者どもこの敵を討て」と叫んだ。だが、二人の武将とそれに従う四人の武士が、同時にこの鬼王の首をみごと切り落とした。

ところが、さすが酒呑童子だ。その首が空に舞い上がり、叫び回った末に、頼光の兜《かぶと》にガブリとかみついたのだ。その左右の目をくりぬくことで、ようやくその首も兜から離れて落ちたのであった。

こうして、鬼王酒呑童子を退治し、一行は酒呑童子の首を台の上に載せ、都に凱旋《がいせん》し、帝をはじめ、摂政《せっしょう》、関白がその首を叡覧《えいらん》なされたのち、宇治の平等院の宝蔵に納められた。

これによって、頼光は東夷《とうい》大将軍、保昌は西夷大将軍に任ぜられたという。

民俗学的見地から

以上が、最古の酒呑童子の物語である。

いまのところ、これより古い書物に、酒呑童子の名を見出すことができない。もちろんこうした物語ができてくる過程で、すでに「酒呑童子」という名も登場していたのだろう。しかし、そうしたプロセスを文献によっては確かめることはできないのである。つまり、文献的には、酒呑童子はこの物語から日本文化史に登場することになったわけである。

以上の物語からわかることは、酒呑童子は、比叡山《ひえいざん》が伝教大師によって天台宗の総本山として開かれる前の先住の神であった、ということである。にもかかわらず、里からやってきた伝教大師はこれを追い払い、制圧しようとしたのである。いってみれば、強力な呪力を持った外来者が、先住者である弱い呪術しか持たない者を追い払ったというわけである。つまり、先住民＝敗者＝鬼、征服者＝勝者＝人間という、まことに単純な図式がここには見えるわけである。

もちろん、酒呑童子たちの性格をこうした図式だけで理解しつくしたことにはならない。もっと綿密な考察が必要である。そのためには、酒呑童子に関する情報をもっと手に入れる必要があるだろう。

酒呑童子は越後生まれ？　酒呑童子異説（1）

酒呑童子伝説の多くは大江山伝説の形をとっている。この伝説から派生したと思われる、内容のかなり異なる物語も伝えられている。その物語は、興味深いことに、酒呑童子の誕生と生い立ちを語っているのである。

逸翁美術館本の物語にはみえないが、御伽草子《おとぎぞうし》という中世説話に対する呼称を流布《るふ》させるのに大きな役割を果たした、渋川版『御伽草子』に収められている『酒呑童子』の物語では、童子は山伏姿の頼光たちとの酒宴の席で、次のように語っている。

「わたしは越後国《えちごのくに》の者で、山寺に入れられ稚児として育てられたが、そこの法師と争いを起こし、その法師を刺し殺して逃亡し、比叡山に移り住んでいた。だが、あるとき、伝教大師という僧がやってきて、このわたしを追い払ったので、やむなくこの大江山にやってきた。しかし、今度は弘法《こうぼう》大師（真言宗の開祖、空海のこと）という僧が登ってきて、わたしを封じ込めてしまった。しかし、いまはそうした弘法大師や伝教大師のような強い呪力を備えた僧もいないので、この山に立ち戻ってなに不自由なく生活している。ところが、最近になって、とても気がかりなことが起こった。京に源頼光という武勇にかけては日本一の大悪人がいて、その家来である渡辺綱《わたなべのつな》、坂田公時《さかたのきんとき》、碓井貞光《うすいさだみつ》、卜部季武《うらべのすえたけ》の四天王や藤原保昌たちと、われわれを討とうとしているのだ。ちなみに、配下の茨木童子《いばらきどうじ》を都に派遣したとき、その一人渡辺綱と渡り合い、腕を切り落とされるということがあった。腕はなんとか取り戻したが、彼らのため、最近では、京に入れないでいる」

ここに語られている茨木童子と渡辺綱をめぐるエピソードも、酒呑童子物語から生み出された興味深い話で、もっとくわしい物語も伝えられているが、いまはそれはさておくことにしよう。

右の酒呑童子の話によれば、童子は越後国に生まれ、その地の山寺で稚児として育てられたという。もともとは人間で、殺人を犯し、諸山を転々とするうちに鬼になったというわけである。

いつ頃からこのような説が唱えられ出したのかは定かではないが、そうした共通の考えがどうも広く定着していたらしい。越後国にある弥彦《やひこさん》山系の国上《くがみ》山にある国上寺《こくじょうじ》には、『大江山絵詞』とともに、その寺の縁起が残されており、そのなかにも、酒呑童子の生い立ちが詳しく記されている。

民俗学者の谷川健一が紹介するところによれば、越後国砂子塚の城主石瀬《いわせ》俊綱は、桓武帝の皇子桃園《ももぞの》親王の家臣といわれ、桃園親王が越後に流罪《るざい》に処せられたとき、その従者として寺泊《てらどまり》の港に上陸し、のちに砂子塚の地に移り住んだ。

この俊綱には子どもが生まれなかったので、妻とともに信濃戸隠山《とがくしやま》に参拝祈願したところ、妻は懐妊《かいにん》した。子どもは、三年間も母の胎内にあってようやく生まれた。幼名は外道丸《げどうまる》と呼ばれ、手のつけられない乱暴者であったが、ずばぬけた美貌《びぼう》の持ち主でもあった。両親は外道丸の乱暴ぶりを懸念して、弥彦山国上寺へ稚児として出した。

外道丸は国上寺でおとなしくなったが、その美貌ゆえに多くの女たちに恋慕された。そうこうするうちに、外道丸に恋した娘たちが次々に死ぬ、という不吉な噂《うわさ》が立ち、外道丸がこれまで貰《もら》った恋文を焼き捨てようと簞笥《たんす》を開けたところ、もうもうと煙が立ち込め、煙にまかれた外道丸はその場に気を失ってしまった。すると、しばらくして気がついた外道丸の姿は、見るも無惨《むざん》な鬼に変わっていたのである。外道丸はしばし茫然自失《ぼうぜんじしつ》の状態であったが、やがて身を躍らせて天高く飛び上がり、戸隠山方面に姿を消した。そののち、丹波の大江山に移り住み、酒呑童子と名乗り、やがて源頼光たちに討伐されたという。

戸隠山の九頭龍信仰

この話には、注目すべきことがいろいろある。

その一つは、もちろん、酒呑童子の誕生の地が、越後国であったということである。これは渋川版などの記述と一致する。

また、父の名は石瀬俊綱で、母はその奥方であることも注目すべき点である。つまり、童子は人間の子であったのだ。しかし、その誕生には異常な点もあった。三年間も母の胎内にあったということである。その理由は、童子が戸隠山の権現《ごんげん》から授けられた、いわゆる「申し子」であった点に求められる。戸隠山の信仰の中心は、その山にもともと棲んでいた九頭龍《くずりゅう》信仰にある。とすると、この九頭龍の「子」という側面も童子にはあったといっていいであろう。

もう一つ確認できるのは、誕生した時代が、これまで見てきたように、桓武帝から嵯峨《さが》帝にいたる頃、つまり頼光に討伐される百五十年から二百年くらい前のことと考えられていることである。ということは、酒呑童子は二百年近く生きていたということになる。

酒呑童子の父はヤマタノオロチ？　酒呑童子異説（2）

こうして、大江山の酒呑童子の身上調書の作成の仕事もだいぶ進展してきたのだが、実は、酒呑童子の出生地について異説も唱えられている。近江国《おうみのくに》井口とする説である。この説は奈良絵本『酒典童子』（赤木文庫旧蔵）に描かれている。この説もとても面白い。

嵯峨天皇（在位八〇九―八二三）のとき、比叡山延暦寺に酒呑童子という不思議な術を心得た稚児がいた。人びとが怪しんでその素姓を調べさせたところ、近江国北の郡の井口の住人である須川殿《すがわどの》という長者の娘、玉姫の子であったという。物語の概要は、次のとおりである。

酒呑童子は伊吹山《いぶきやま》の山の神＝伊吹大明神の子である。伊吹大明神はもと出雲国《いずものくに》に棲み、ヤマタノオロチと呼ばれていたが、スサノオに追われて、伊吹山に逃げてきて、その山の神として祀《まつ》られていた。その山の麓《ふもと》に、須川殿という長者の家があり、そこには玉姫という美しい娘がいた。父は心の内で、末は帝か摂政、関白の妃になってほしい、と思って、大事に育てていたが、この玉姫のところに、夜な夜な身分の定かでない若い男が通ってきていることがわかる。しかも姫は懐妊していたのである。

これを知った須川殿は、これはきっと変化《へんげ》の者（化物《ばけもの》）の仕業《しわざ》だと思い、厳しい警固《けいご》の陣を張り、悪霊《あくりょう》を追い払う「鳴弦《めいげん》」（弓の弦を鳴らして悪霊を追い払う呪術）をすることにした。このために、玉姫のもとを訪れることができなかった明神は、怒り狂って須川殿を重病にしてしまう。須川殿は、僧を招いて祈禱《きとう》をしたり、陰陽師をやとって泰山府君の祭りをしたが少しも効果がなかった。そこで、巫女《ふじょ》に神をおろして託宣させたところ、伊吹大明神の祟《たた》りと判明する。

すなわち、大明神の社殿に参って託宣を待つと、かんなぎ（巫女）の口を借りて明神が、「わたしに仇《あだ》をなすとはなんということか。長者一人を苦しめるだけで済まそうと思っていたが、これからはこのあたりの民を一人残らず苦しめてやりたい。しかし、わが子が人の世に生まれることを考えると心配だ」と泣きながらいうのであった。

こうして、玉姫の胎内の子は、明神の子であり、男の子が生まれることがわかったので、玉姫を明神に奉仕する巫女とした。要するに、明神の妻となったのである。生まれた男の子は、三歳の頃から酒を飲んだために、酒呑童子と名づけられる。そして、十歳のときに、須川殿は童子を比叡山の伝教大師のもとに、学問修行のため稚児として出すことにした。しかし、酒好きのため皆から嫌われた。

あるとき、帝が新しい内裏《だいり》に移ったことを祝う祭礼が行なわれることになった。比叡山も一山あげて風流踊りに加わろうということが決まり、さて出し物はなににしようかということになった。酒呑童子が「鬼踊りにしよう。一山三千人の僧たちの鬼の面は、七日間で、すべて私が作ってみせます」と断言したのだ。

みごと三千の鬼の面を作り上げた酒呑童子は、とくに精魂込めて作った自分用の鬼面をつけて、一同で京の町へと繰り出していった。この鬼踊りは、たいへんな人気であった。祭礼も終わり、山上に戻って、日頃は禁制の酒がこの日に限って許されたとあって、酒呑童子は鬼面も取らずに、千杯もの酒をたっぷり腹のなかに納めて酔い伏した。

さて、酔いがさめて鬼面を取ろうとした。ところが、鬼面がぴたりと肉に吸いついて取れなくなってしまったのだ。

僧や稚児たちは驚きあきれ、逃げ回った。これを見た伝教大師は、薬師如来《やくしにょらい》と日吉《ひえ》山王《さんのう》（天台宗の守護神）をたのんで、酒呑童子を山から追い出した。仕方なく国に戻るが、鬼の姿になった童子を見た祖父にも見捨てられ、伊吹山中で明神の妻として奉仕する母のもとを訪ねて、ともかく伊吹山中の岩穴で生活するように教わる。その後、山々を転々とした末に、ついに大江山に至った、というところで話は終わっている。

類似点はなにか？

弥彦山系の国上山国上寺に伝わる酒呑童子伝説と、近江国伊吹山麓を舞台とした酒呑童子伝説。

前者は申し子説をとり、後者は異類婚姻説をとるが、いずれも、荒ぶる性格の強い山の神＝龍神（大蛇）の精を受けた異常な男の子として、この世に生まれ、酒を好み、人びとに乱暴を働いたり、美貌のゆえに惑わしたりしたために、ついに人間の世界から逸脱して、鬼になり大江山に棲み着くようになったことや、その成長の過程で近くの寺の稚児に出されていることなど、とても似通った展開を示している。

両者にはなんらかの影響関係があったのだろう。

酒呑童子の怨念は被征服民の魂の叫び

さて、これまで紹介してきた物語以外にもまだ異伝が存在しているのだが、これでいちおう酒呑童子の基本的なイメージは明らかになったのではないだろうか。酒呑童子は山の神や水の神と深いつながりを持っている。彼ら鬼たちは龍神＝大蛇＝雷神のイメージと重ね合わされており、酒呑童子が大酒飲みと描かれているのは、近江誕生説にしたがえば、彼がヤマタノオロチ＝伊吹大明神の血を引く異常な「人間」であったからである。

酒呑童子は仏教によって、もともと棲んでいた山を追われてしまう。それは山の神が仏教に制圧されたプロセスと同じであろう。酒呑童子を迎えてくれる山は、仏教化されていない山、土着の神々が支配する山であった。

酒呑童子は、たしかに京の都の人びとにとっては極悪人《ごくあくにん》で、仏教や陰陽道など、京の人びとの生活を守る信仰にとっても敵であり、妖怪、化物であったろう。しかし、退治される側の酒呑童子にとっては、自分たちが昔から棲んでいた土地を奪った仏教の僧や、欺《だま》し殺す武将や陰陽師たち、さらに、その中心にいる帝の方こそ、極悪人なのである。

酒呑童子の物語から、土着の神や人びとの哀《かな》しい叫び声が聞こえてくる。征服者への怨《うら》み声が……そしてその声は、自然それ自体が征服されていく悲鳴であるのかもしれない。

正暦三年（もしくは長徳元年）、大江山を目指して出かけた頼光たちは、こうして首尾よく酒呑童子一党を退治し、京の都に凱旋する。逸翁美術館本は、そのいわゆる「大路渡《おおじわた》し」の様子をこう描いている。

「見物の道俗男女、幾千万といふ数をしらず。人は踵《きびす》をそばだて、車は轅《ながえ》をめぐらす事をえず。弓箭《きゆうせん》の家に生れ、武勇の道に入りて、芸を現はし、名を挙ぐる事、勝計するに及ばねども、魔王・鬼神を随《したが》ふる事、田村《たむら》・利仁《としひと》の外は、珍事なり、と声々口々に、さざめきあへり。毒鬼を大内（内裏）へ入るる事、有べからずとて、大路をわたされければ、主上《しゆじよう》・上皇より始め奉りて、摂政、関白以下にいたるまで、車を飛《とばし》て、叡覧有りけり。鬼王の頸《くび》といひ、将軍の気色《けしき》といひ、誠に耳目《じもく》を驚かしけり。事の由を奏しければ、不思議の由、宣下有て、彼の頸をば、宇治の宝蔵にぞ、納られける」

酒呑童子は退治された。しかし、そののち、彼は後世の物語や絵画の世界のなかに長く生き続けるのであった。そして、いまもなお生き続けているのである。

第二章　妖狐　玉藻前

狐は人をばかすもの

「ばかす」といえば、「狐《きつね》」という言葉がまず浮かんでくる。昔の人は狐によくばかされたようである。いまでも田舎に行けば、物知りの老人たちから、一つや二つはそんな話を聞くことができるはずである。

「ばかす」は「化かす」、つまり幻術・妖術などで人間や動物などの姿かたちが変わる「化ける」に由来する言葉である。もっとも、「狐に化かされる」というと、狐が人間の姿かたちを別のものに変えてしまうような印象を受ける人もいるかもしれないが、そうではなく、狐がその幻術を用いて、自分の姿を変えたり、石や葉っぱを大判小判に変えたりして、人間を欺《だま》すことである。化けた狐に人間が欺されることなのだ。とすると、「狐にばかされる」には、「狐にばかにされる」という意味も重ね合わされているのかもしれない。

狐がどんな風に人をばかすかは、読者の多くが知っていると思う。この種の話は、昔話にもたくさん描かれている。その一つを念のために紹介しておこう。

ある男が、狐にばかされたという者がたくさんいるが自分は狐にばかされるような馬鹿ではない、と自慢気に話していた。ある日、山道を歩いていると、白狐が現われた。物陰に隠れてそっと見ていると、狐は水藻をとって頭に載せて娘に化け、わらじを拾って赤ん坊に変えた。あとをつけると、一軒の百姓家に入った。「さてはこの家の者を欺すつもりだな」と思って、その家に入り、「この女は狐が化けた者だ」と教えるが、家の者は「そんなはずはない。この女はこの家の嫁だ」という。男は「私はたしかにこの目で、狐がこの女に化け、わらじを赤ん坊に変えるのを見たんだ。きっと、この二人を生松葉でいぶせば正体を現わすだろう」といって、二人を部屋に閉じ込めていぶしたところ、二人とも死んでしまった。死んでも狐にはならない。家の者が「お前は人殺しだ。嫁たちを殺した」と泣き悲しみ、男を激しく責め立てた。

驚いた男はその家を飛び出して、近くの寺に逃げ込んだ。話を聞いた寺の坊主は

「いますぐに坊主になって二人を弔いなさい」といって、男の頭を剃《そ》り、「湯に入りなさい」という。いわれるままに、湯につかっていると、声をかけられた。気がつくと、肥だめのなかに入っていて、糞尿まみれになっていた。

狐が人をばかす現場を目撃して「してやったり」と思うのだが、ばかす狐の方がはるかに上手《うわて》で、化ける現場を目撃されるのも狐のばかしの手段の一つにしており、それにまんまとはまってしまった、という笑い話である。

朝廷転覆を狙う、スケールの大きな妖狐譚

こうした、人に化けて人をばかす狐は、平安時代の初めに編まれた日本最初の説話集の『日本霊異記《りょういき》』にも見えるので、古代から現代まで、人びとの間では、狐は人間に化けることのできる能力を持つということが、ずっと信じられ続けてきたことになる。そうした信仰をふまえて、人をばかしたという狐、つまり妖怪狐の伝承がたくさん生み出されてきたのである。

ここで取り上げる妖怪は、日本の妖怪狐のなかでも、もっとも名高い、京都の王権

を倒そうという、とてつもない野望を持った狐の物語である。

この話は中世に絵巻などを通じて流布したもので、この狐は、最初の頃は、尾が二つある中国から渡来した老狐である、と語られていた。しかし、江戸時代になって芝居や読物になって流布したときには、「金毛九尾の狐《きんもうきゆうびのきつね》」と語られるようになった。この妖狐《ようこ》は絶世の美女に化けて、人間界に現われ、「玉藻前《たまものまえ》」と名づけられた。このため、この話は玉藻前説話としても知られている。

玉藻前説話を記した中世の絵巻類はかなりの数にのぼるが、話の内容には、後日談としての源翁《げんのう》（玄翁）和尚譚《おしようたん》を持つものと持たないものとの、二系統に分かれる以外は大差がない。

ここでは、主として『玉藻の草子』（慶応義塾大学図書館蔵）によりながら、この物語を紹介することにしよう。

絶世の美女登場

久寿元年《きゆうじゆ》（一一五四）の春というから、いまから八百年以上も昔、大江山の酒呑童子が退治されてから百六十年ほど経った頃のことである。鳥羽院《とばいん》の御所《ごしよ》にどこのもの

鬼女の姿となった那須野の妖狐・玉藻前（『玉藻前草子』常在院蔵）

とも知れない美しい女性（遊女）が現われた。名を化性前《けしようのまえ》といった。たちまち鳥羽院の寵愛《ちようあい》を一身に集めることになった。

　この鳥羽院とは鳥羽上皇のことである。このときの天皇はまだ幼少の近衛《このえ》天皇で、実権は退位した鳥羽上皇が握っていた。この時代は歴史学でいう「院政時代」にあっている。このために妖狐は、鳥羽院の御所に姿を現わしたのである。この年、鳥羽院は五十二歳、近衛天皇は十六歳であった。

　ついでに述べると、翌年に、病弱であった近衛天皇が亡くなり、さらにその翌年の保元《ほうげん》元年（一一五六）に鳥羽院が亡くなると、王朝政権から武家政権への大変動のきっかけをつくった、有名な保元の乱が起こっている。妖怪変化が登場するにふさわしい時代であったのである。

　物語を見ていこう。化性前は天下に並びなき美女であるばかりでなく、四書五経《ししよごきよう》（四書とは『大学』『中庸』『論語』『孟子』の四部の書のこと、五経とは『易』『書』『詩』『礼』『春秋』という五部の経書）などに通じ、貴族たちに故事来歴《こじらいれき》を問われると、どのようなことでもたちどころに答える才女でもあった。

　ある日、秋の名残りを惜しんで、詩歌《しいか》管弦《かんげん》の夕べが催されたとき、嵐が吹き荒れ、灯火が消え暗闇《くらやみ》となったが、院の側に侍《はべ》っていた化性前の身体から朝日のような光が放たれて、殿中を明るくした。これを見た大臣公家《くげ》は大いに怪しんだが、院は、「この女性は才覚ことのほか優れていると思ったが、身から光を放つほどであるとすれば、よほど前生で善行を重ねたものと思われる」といたく感激し、名を「玉藻前」と改めさせる。

院は玉藻前に恐れの念をいだきながらも、その美貌・才覚にひかれて、ついに夫婦の契《ちぎ》りを結んでしまう。

それからほどなくして、院が病にかかる。周囲ではたいした病気ではなかろうと思っていたが、病は日ごとに重くなる。典薬頭《てんやくのかみ》、つまり院の侍医長を招いて病状を尋ねたところ、「これは尋常の病ではない。邪気のしわざによるものだ」と診断を下した。「邪気」つまり「悪霊《あくりょう》」によってもたらされた病気なので、自分の手には負えないというのだ。

典薬頭には何者の邪気かはわからないのだが、この邪気とは、もちろん玉藻前が秘《ひそ》かに放つ邪悪な霊気のことである。院は、玉藻前と交わりを重ねるたびにその精気を奪い取られていたのである。まさしく日本版吸血鬼である。

陰陽師・安倍泰成

典薬頭が邪気による病であろうと診断したので、陰陽頭《おんみようのかみ》（中務省《なかつかさしよう》に置かれていた陰陽寮の長。暦・天文・地理・遁甲《とんこう》等を司る）の安倍泰成《あべのやすなり》を召して占わせた。すると、泰成は、邪気の原因については語らずに、この病は命にかかわる重大な病であるので、ただちに邪気・物怪《もののけ》を調伏《ちようぶく》するための御祈禱《ごきとう》をするべきだ、と申し上げた。

廷臣《ていしん》たちは大いに驚きあわてて、有験《うげん》の貴僧・高僧を諸寺から招き集めて、七日間の大がかりな調伏の修法を行なったが、少しもその効果は現われない。

そこで多くの宿曜師《すくようし》や陰陽師を召して、なぜ院の病が平癒《へいゆ》しないのかを尋ねたところ、安倍泰成が進み出て、「さきに院の様子を占ったおりに、すでにその原因はわかっておりましたが、それを申し上げると院の御心に背き、わたしがそのために罰せられることになるかもしれないので、申し上げるのを控えたのです」と申し上げたところ、廷臣たちが「遠慮することなく、すべてを申すように」と申し上げた。そこで、泰成は、「院の病は化女《けじよ》玉藻前のしわざである。彼女を除けば病はたちどころに平癒

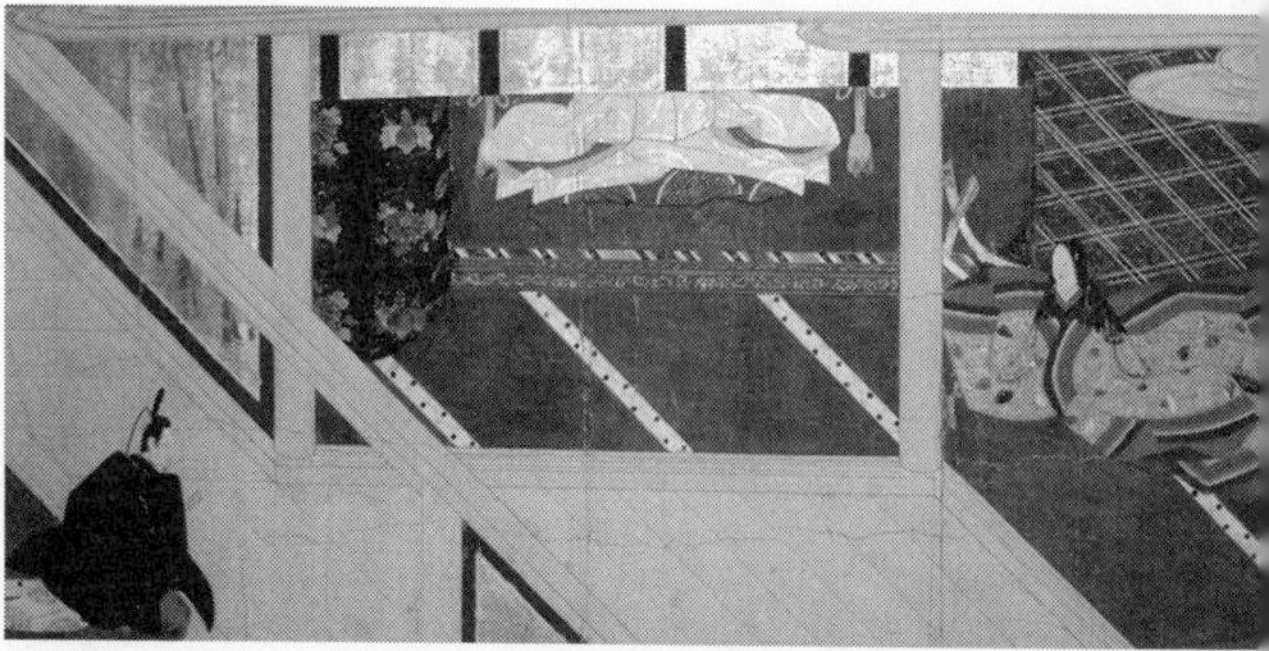

陰陽頭の安倍泰成が鳥羽院の病の原因は邪気によるものだと占い，物怪の調伏をすすめる（『玉藻前草子』常在院蔵）

するでありましょう」と申し上げた。

大臣公家たちは、この占いの結果を聞いて、「そんなばかなことがあろうか。院の病は玉藻前が側にいるときは軽くなり、玉藻前が側を立ち去ると重くなるというのに、玉藻前を除いたら、院の病はどんなに重くなることか」と、泰成の占いにあきれはててしまった。

しかし、泰成は秘かに事の子細をくわしく申し上げた。泰成の占いによれば、玉藻前とは実は下野国那須野《しもつけのくになすの》に棲む八百歳を経た、その長さは七尺、尾が二つという大狐が変化《へんげ》したものだという。八百歳といえば、この狐が生まれた時代は、大和朝廷も成立していなかった弥生《やよい》時代にあたる。もっとも、この狐の

邪気・物怪を調伏する修法を行なっても効果は現われない。そこで多くの宿曜師や陰陽師を召して，院の病が平癒しないわけを尋ねた（『玉藻前草子』常在院蔵）

誕生の地は日本ではなく、天竺《てんじく》であった。

泰成は、次のように説く。

仁王経《にんのうぎょう》によれば、昔、天竺の天羅国《てんらこく》に斑《はん》足王《ぞくおう》という王がいた。この王は外道《げどう》の僧の教えに従って、千人の王の首を一度に塚の神に供えようとする。九百九十九人の王を生け捕りにして、もう一人というまでになり、北方万里を隔てた国の普明王《ふみようおう》を捕らえてくる。千人の王の首を切ろうとしたとき、普明王が一日の暇《いとま》を願い出て、三宝を拝するために、百人の法師をやとって、仁王般若《はんにゃ》経を読誦《どくじゅ》させた。すると、これを聴聞した斑足王は、たちまち悪心をひるがえして、悟りを開き、悪行を大いに反省して、王たちをそれぞれの国に送り返した。

斑足王が祀ろうとしていた塚の神の正体が、玉藻前に化けている狐であって、この狐は、仏法を敵としつつ、幾百年と生き続け、中国に渡って周《しゅう》の幽王《ゆうおう》の后《きさき》となって王の命を奪い、また日本に渡って来て仏法を滅ぼし、王の命を奪い取って日本の王になろうとしているのだ、という。

　しかし、これを聞いた院は、少しも信じようとしないのであった。院の気持ちもよくわかる。才色兼備《さいしょくけんび》の若い女が優しい言葉を毎日かけてくれているのだ。どうして、その女が妖怪だと信じられようか。彼女の美貌《びぼう》が、その才覚が、そして身体から放った光が、悪霊のしるしだったのだが、それに惑わされている院には、目の前にいる玉藻前が妖怪であるとはとうてい信じられなかったであろう。近臣の忠告も妬《ねた》み心《ごころ》から出たものと思ってしまうのではなかろうか。

幣取りを行なう玉藻前（『玉藻前草子』常在院蔵）

このようなわけで、院の病はますます重くなっていった。そこで、廷臣たちは評定《ひょうじょう》の末に、泰山府君《たいざんふくん》の祭りを行ない、玉藻前に幣取《へいど》りの役をさせれば、正体を現わすであろう、との泰成の進言を受け入れ、泰山府君祭を執り行なうことにする。

種々の珍宝を用意し、祭りの場となった庭に白米をまき、そして「幣取りの役は身分の低い者のすること、なぜ私がそのような役をせねばならないのか」と強く拒絶する玉藻前を、大臣たちが「これもすべて院の病をなおすため」等々と、あれこれ理由を並べ立てて、幣取り役にさせることに成功する。

泰成が精魂込めて祭文を読み始め、それがなかばにさしかかったとき、手にした御幣《ごへい》を打ち振るかに見えた玉藻前が、突然、その場から消え失せてしまう。こうして、泰成の占い通り、玉藻前は妖怪変化であったことが明らかになったわけである。ほどなくして、院の病は平癒する。泰成の邪気退散・妖怪(物怪)調伏の儀式＝泰山府君祭は、みごとに効を奏したわけである。

陰陽師の呪術が物語をリードする

物語はさらに続く。那須野に逃れ去った妖狐を退治するように、との院宣《いんぜん》が東国の武将上総介《かずさのすけ》と三浦介に下ったのである。両人は勇んで那須野に発向《はっこう》する。その結果どうなったのかは、のちほど紹介するとして、ここで少し、これまで紹介してきた話の内容を吟味《ぎんみ》し補足しておこう。

前章で紹介した酒呑童子の話は、源頼光たち武将が大江山の鬼を退治するという話であった。しかし、注意深く見てみると、その華々しい活躍の陰で、陰陽師の安倍晴明が泰山府君祭を執り行なっており、「このために、近頃鬼たちが京に入ることができない」と酒呑童子が嘆いていたはずである。すなわち酒呑童子の話では、武将の活躍が前面に出ており、陰陽師の活動の方は後方に引いているというようになっているのだが、この『玉藻の草子』では、その関係が逆転して、陰陽師の泰山府君祭の方にライトが当てられているのである。ここでは、武士の方が後方に引いているといえよう。

この違いは、大江山の酒呑童子が大江山に拠点を持ち、そこからときどき京にやってきて人をさらっていくという悪行を重ねていたのに対し、那須野の妖狐は、大胆にも美しい遊女に化けて、こともあろうに、京の中心も中心、権力の中心である鳥羽上皇の院中に出現していることと関係があるかもしれない。妖狐は誰にも気づかれることなく、美女に化けて、院のすぐ近くに入り込んでいたのである。正体のわからない妖怪をどうして武将が退治できようか。その正体を明らかにできるのは、陰陽師をおいて他にいないのだ。

この玉藻前の物語は、もちろん想像力によって創《つく》り出された話である。昔だからといって狐が女に化けられたわけではない。人びとの狐についての信仰がこうした妖狐譚を生み出したのだ。

しかしながら、このような話が生み出されてくる背景としての歴史的事実については、吟味の必要があろう。

まず、わたしたちが注目したいと思うのは、安倍泰成による、占いから泰山府君祭に至る一連のプロセスは、当時の上下貴族の間で行なわれていた陰陽師たちの病気治療儀礼を反映しているということである。

当時の人びとは、病気になると医者にかかった。しかし、当時の医者はその守備範囲が狭く、主として薬を調合して与える程度であって、しかも、その薬が効果を発揮する病は限られていた。

では、なおらない病気はどうしたのか。この物語のように、典薬頭は、さっさと

「邪気の病である。わたしの手に負えない」と降参したのだ。なおせるなどと宣言して病人が死んでしまったら、その責任を問われるし、面目も丸つぶれで患者もこなくなってしまうであろう。というわけで、邪気、物怪のしわざらしいと判断された病気は、宗教者の手にゆだねられた。この、邪気、物怪を呪力で追い払って病気をなおすと称した宗教者が、密教系の僧と陰陽師であった。

この物語にも、諸山の高僧貴僧が招かれて、不動明王などの画像を掛け、その前に護摩壇《ごまだん》を設け、物怪調伏の修法を行なったらしい記述が見えている。密教僧たちの護摩を焚《た》いての修法に対応する陰陽師側の物怪調伏儀礼が、泰山府君祭だったのだ。しかし、密教僧と陰陽師では大きな違いがあった。それは陰陽師たちは密教僧よりも占いが上手だったことである。その占いで邪気、物怪の正体を知ることができたのである。

密教僧たちも物怪の正体を明らかにしたが、それは彼らの呪力が効果を現わして、物怪が悲鳴をあげるような状態になったときである。修法が効果がなければ、密教僧たちは正体を明らかにできないために、病人の前から立ち去らねばならなかったのである。

ところが、陰陽師は違っていた。病人を前にして、その病気を引き起こしている物怪の正体を占いで知ることができた。泰山府君祭で、その物怪を追い払うことができるかどうかに関係なくである。だからこそ、典薬頭が自分には手に負えないと放り出したのちに、すぐに泰成が招かれて占いをし、僧たちの祈禱が効を奏さなかったときに、再び招かれたのである。

すなわち、この物語のなかの泰成の泰山府君祭は、実際に行なわれていた陰陽師の病人祈禱と、ほぼ同じ儀礼を行なっているといえるはずである。

したがって、この物語を現実の病人祈禱に引きつけて語りなおせば、鳥羽院が重病になり、典薬頭や高僧たちを招いたが効果がないので、陰陽師の安倍泰成を召して院の病気を占わせたところ、命を狙い、果ては王法を破壊し、日本の王になろうとする狐の霊が憑《つ》いたための病と占い判じた。そこで、その狐霊を退散させるための泰山府君祭を執り行なったところ、幣取り役の女、つまり物怪が病人から引き移される憑坐《よりまし》(霊媒)の女に狐霊が引き移り、「わたしは那須野の老狐だ云々」と正体を明らかにしたうえで、退散していった、という具合になるはずである。逆にいえば、こういう病人祈禱のさまを物語化したのが、玉藻前の物語なのである。

歴史的事実と宗教的背景

もう一つ、留意しておいてよい歴史的事実がある。もちろん化性前という名を名乗って鳥羽院のところに現われた女性が、実際にいたわけではない。あくまでもそれはフィクションのなかの登場人物である。しかし、当時の史料を見ると、こうした物語のもとになったのではないかと思わせる事件が、実際に、鳥羽院のときに発生しているのだ。

当時、摂関家の中心にいた前関白藤原忠実《ふじわらのただざね》とその次男左大臣頼長《よりなが》の二人は、忠実の長男の関白藤原忠通《ただみち》と氏《うじ》の長者の地位を巡って争っていた。

鳥羽上皇の子である近衛天皇は病弱であった。そして、その近衛天皇が久寿二年（一一五五）に亡くなったのだ。このとき、鳥羽院の后であった美福門院得子《びふくもんいんとくし》と彼女と親しい忠通が、「数年前に、誰かがわたしを呪詛《じゆそ》するために、愛宕《あたご》山の天狗の像の目に釘《くぎ》を打った。わたしはそのために死んだのだ」と、近衛天皇の霊が口寄《くちよ》せ巫女《みこ》に乗り移って語ったという噂を、鳥羽院の耳に入れたのだ。もちろん、近衛天皇を呪った誰かとは忠実、頼長父子であるとも、得子と忠通は院に告げたのであった。このため、忠実父子は院から遠ざけられることになる。この翌年、鳥羽院も没し、やがて上皇と天皇、摂関家、源平の武士たちが骨肉相食《あいは》むことになる保元《ほうげん》の乱が発生することになる。

玉藻前が鳥羽院の御所《ごしょ》に現われたのは、久寿元年のことであり、のちにみるように、それが那須野で退治されたのは、どうやら翌年のことであった。この年に近衛天皇が、その翌年に鳥羽院が没している。また、藤原頼長は陰陽道に凝っていたという。しかも、忠実も、狐を祀った密教の秘法（外法《げほう》）の茶吉尼天《だきにてん》を修《しゅう》して政界復帰を果たした、と伝えられている。とすると、こうした史実や伝承をふまえて、玉藻前伝説が発生したことは、充分考えられることである。

すなわち、近衛天皇や鳥羽上皇の病や死をその政敵の呪詛《じゅそ》によるとする噂が当時から流布し、しかもその呪詛の方法が狐霊を送りつける茶吉尼天法による内容であったのかもしれない。玉藻前伝説を語る古い文献には、近衛院の御所に現われたとなっているのも、物語の生成を考えるうえで、気になるところである。

茶吉尼天信仰と玉藻前伝説が関係があることは、何人かの研究者に指摘されている。この茶吉尼天信仰は、真言宗、とくに京の都近くにある伏見稲荷《ふしみいなり》を東寺《とうじ》が支配下に置いたことから、東寺系の密教僧たちの間で信仰され出し、それが広く流布することになったと考えられている。

東寺を中心とする真言僧徒は、狐を辰狐《しんこ》王菩薩《おうぼさつ》と称して神仏化し、天照大神《あまてらすおおみかみ》に比定した。ここから、奇怪なことに、天照大神が天岩戸《あまのいわと》に隠れたとき、狐の形になって入ったとの説も生まれることになった。玉藻前の身体から光が放たれたのは、天照大神の光とも通じるところがあるわけである。

東寺の高僧たちの間では、辰狐王菩薩つまり荼吉尼天が、王法守護の神とみなされていた。しかし、その一方では、斑足王が祀った塚の神ともみなされ、この場合では、王法を破壊する神であった。荼吉尼天は両義的神であったのだ。もし玉藻前に荼吉尼天の影響があるとすれば、そこには、明らかに王法破壊の側面が組み込まれているということになるだろう。

哀れ、妖狐の最期

さて、再び物語に移って、院宣を受けて那須野に発向した上総介と三浦介の両人がどのようにして妖狐を退治したのかを見ることにしよう。

両人は配下の者を引き連れて那須野におもむき、探し回ったところ、ついに草むらから巨大な二本の尾を持った狐が現われた。両人をはじめ配下の者たちは、われさきに弓を射かけたが、自由自在の変化の狐は、四方八方に飛び走り、逃げ去ってしまったのだ。

困り果てた両人は、いったん国もとに戻って、弓矢の訓練に励み、再度出陣する。上総介は走る馬にまりを付けて引かせ、そのまりを射るという訓練を、三浦介の方は狐は犬に似ているので、犬をいろいろと走らせて百日間もその犬を射るという訓練を重ねたという。

しかし、那須野の妖狐はいっこうに退治することができない。両

那須野で妖狐を射止める三浦介（『玉藻前草子』常在院蔵）

人は、このままでは武士の面目丸つぶれ、本国に戻ることもできないと、「南無帰命頂礼《なむきみようちようらい》、伊勢天照太神宮。百王守護八幡大菩薩。殊《こと》に宇都宮大明神。日光権現。願わくは明日のうちに、この狐を狩《かり》とらせ給《たも》れ」と祈った。そのとき、三浦介が見た夢に、年の頃二十歳ほどの美しい女が現われた。女は涙を流して、「わたしはお前に命を奪われようとしている。どうかわたしを助けたまえ。助けてくれれば、子孫末代に至るまで守護神になろう」と語ったところで、夢がさめた。

「とうとう妖狐も音《ね》をあげた。チャンスだ」とばかり、三浦介はまだ夜も明けぬうちから家の子郎党を引き連れて狩り回り、とうとう朝日が昇る頃、野から山へ走り抜けようとする老狐をみごと射殺した。霊夢《れいむ》で妖狐が助命を求めたにもかかわらず、それを拒絶して三浦介は退治してしまったのだ。このため、この物語には語られていないが、このあたりに伝わる伝承によれば、三浦介の子孫は、その後この妖狐の死霊に祟《たた》られることになるのであった。

その遺骸《いがい》はただちに京に運ばれ、院の叡覧《えいらん》があったのちに、うつぼ舟に乗せて流し捨てられたという。もっとも、多くの伝本は、酒呑童子と同様に、宇治の平等院の宝蔵に納められた、と記しているのが興味深い。

すなわち、王権は、こうした王法を破壊しようとする妖怪を退治したというしるしを、今日でいえば博物館に相当するところに収納しておくことによっても支えられていたのである。ロンドンの大英博物館が、かつて大英帝国が盛んなりし頃に、植民地から収奪した宝物を並べ立てていることを思えば、宇治の宝蔵の意味するところがよくわかるはずである。

狐の死体の腹から王権のしるしともいうべき仏舎利《ぶつしやり》の入った黄金の壺《つぼ》が現われ、こ

退治された妖狐・玉藻前の遺骸はただちに京に運ばれ，鳥羽院の叡覧があった後に，うつぼ舟に乗せて流し捨てられたという（『玉藻前草子』常在院蔵）

れを院が手に入れ、額から出てきた夜を昼のごとく明るくする白い球は三浦介の取り分とし、尾先から出た二つの針のうち、白い方を三浦介が取り、赤い方は三浦介の氏寺である清隆寺におさめたという。

これは、古代神話に見える、スサノオノミコトがヤマタノオロチという妖蛇を退治したとき、オロチの身体から大和王権のしるしとなる三種の神器の一つ、すなわち神剣を見出して天照大神に献上したという話と、同じ性格の話である。

こうして、さしもの三国伝来の妖狐も退治された。この上総介と三浦介の両人による妖狐退治は、両人の武勇比べという性格を持ち、その競争で勝利したのが三浦介であったのだ。

また、「犬追物《いぬおうもの》」という弓の競技の起源として、この物語が語られていることも興味深い。犬を狐に見立てての弓矢の訓練とともに、神仏の加護を求めていることも忘れるべきではなかろう。源頼光たちが八幡神や住吉神などの加護を得ることで酒呑童子を退治しえたのと同様、三浦介も上総介も、その弓矢の実力だけでは妖怪変化のたぐいを退治することができなかったのであった。

土地に残る殺生石譚

さて、玉藻前＝妖狐譚はここでいちおう終了する。玉藻前説話を描いた室町から近世にかけて制作された絵巻や絵本のなかには、これで「おしまい」となっているものもある。しかし、その一方では、次のような話が付け加えられているものもある。

玉藻前が退治されてから歳月が流れたある日、曹洞宗《そうとうしゅう》の高僧として有名な源翁和尚《げんのうおしょう》が、那須野の原を通りかかった。道のほとりに苔むした大石がある。この石にはきっとなにかいわれがあるだろうと、そこを通りかかった里人に尋ねた。その里人は美しい女で「この石は殺生石《せっしょうせき》といって、触れると人間や鳥類、畜類まで命を落とすとても

退治されたはずの玉藻前だが，その邪念は殺生石となって残り，人びとに災厄をなしていた。その亡霊も美女となって現われる（『玉藻前草子』常在院蔵）

恐ろしい石です。早く立ち去りなさい」という。和尚が「どうしてこの石は殺生をするのか」と女に問うと、「昔、鳥羽院の御時の玉藻前の執念（怨霊）が石に化したものだ」と、玉藻前の物語をする。この里人の女は実は、玉藻前の亡霊であった。

ことの子細を聞いた源翁が、石に向かって衣鉢《いはつ》を授け、花を手向《たむ》けて、焼香や説法をしてやると、石は粉々に砕け散り、玉藻前の霊も成仏《じようぶつ》したという。「カナヅチ」のことを「げんのう」というのは、ここからきているのである。

こうして、ようやく玉藻前の長い物語は終わることになる。

こうした物語を見ると、日本の恐ろしい妖怪は、なかなか完全には退治されないことがわかる。

まず、玉藻前は陰陽師安倍泰成によって呪力で追い払われる。次に、三浦介によって武力で射殺される。それでも完全に退治されたことにはならない。身体を失っても、その霊（死霊）が祟りをなすのだ。その怨霊を鎮めて成仏させるために、ここでは源翁和尚が登場してきたわけである。

では、成仏した玉藻前はどうなったのか。伝説によれば、那須野の、とある稲荷社に、神として祀りあげられたという。『那須記《なすき》』という書物に、次のような話が見える。

下野国那須野では玉藻前の執念が殺生石となって人びとに災厄《さいやく》をなしていた。明徳《めいとく》元年（一三九〇）の正月のある日、三浦介の子孫にあたる角田庄右衛門綱利が狩りに那須野に出たとき、由緒ありげな一人の美女に出会う。彼女を追ってその手を取って歩いていくと、女は、突然、鬼となって綱利をつかんで虚空に上がらんとした。彼は三浦氏重代の名剣で鬼を切り、難を逃れた。鬼は三浦介たちに殺された玉藻前で、その子孫に報復しようとして失敗した無念さを述べて飛び去った。この報告を受けた鎌倉の足利氏満《あしかがうじみつ》は、能登国総持寺《のとのくにそうじじ》の峩山和尚《がさんおしよう》に玉藻前の調伏を依頼し、峩山は弟子の大徹を派遣する。大徹は那須野の奥の深山に分け入り、人骨が山と積まれたそのなかに、長さ七尺ばかりの石を見出して近づくと、石は汗を流す。手を当てると石は土中に三尺ばかり沈んだ。大徹は石が法力《ほうりき》に服したことを知り、本国に戻った。

その頃、会津にいた源翁和尚は、殺生石を引導すべし、との夢のお告げを受けて、那須野におもむき、杖でその石頭を打つと三つに割れて、なかから霊魂が立ち現われたので、これをまた打つとたちまち消え失せた。源翁はその霊を供養し、その後、玉藻前は、篠原稲荷大明神として祀られたという。

妖狐はいったん退治されたにもかかわらず、なお強いパワーを持っており、三浦介の子孫の命を狙っていたのだ。

綱利のもとに出現した鬼（玉藻前の怨霊）は、羅生門《らしようもん》や一条戻橋《いちじようもどりばし》に出現した鬼、渡辺綱《わたなべのつな》に腕を切り落とされて退散した鬼を思わせる。

一見したところでは、前章で紹介した源頼光一党の鬼退治と、玉藻前・源翁和尚伝承群とは無関係であるかに見えるが、日本妖怪史の奥底ではつながりを持っているのがわかるであろう。

狐は必ず美女に化ける?

玉藻前伝説をめぐって、あれこれと語ってきたが、最後に、那須野の老狐がどのようなやり方で美女に化けたのかを考えてみよう。

冒頭に紹介した昔話のなかの狐は、頭に水藻を載せて女に化けていた。この点について調べてみると、川藻や木の葉を頭に載せたり、馬沓《うまぐつ》を載せたりして化けている。ほぼ共通しているのは、頭になにか（藻のたぐいが多い）を載せていることである。そして、後方にとんぼ返りをすると、ドロンと女に化けているというわけである。

では、玉藻前もこれと同じように、藻や葉を頭に載せ、宙返りして、絶世の美女になったのだろうか。どうもそうではないらしい。

中国の『抱朴子《ほうぼくし》』という書物に、「狐の寿命は八百歳で、三百歳を経て以後、人の形に変化できるようになる。また、夜には尾を打って火も出す。人に化ける方法は、ドクロ（頭蓋骨）を頭の上に戴《いただ》き、北斗七星《ほくとしちせい》を礼拝し、落ちないようになると人に化けることができるようになる」と書かれている。

また、ある書物には、月夜の晩に、秋野中の墓地に野宿したところ、一匹の狐が現われ、ドクロを取り上げて頭上に置き、数回ゆすり、ゆすっても落ちないものを選んで頭上に載せ、次にいろいろな草の葉で身をかくし、見る間に道の辺にたたずむ白衣の美女になったという。ついでにいうと、狐は陰陽道でいう陰獣とされていたので、必ず女に化けていたようである。

玉藻前は中国から渡ってきた八百歳にもなるたいへんな老狐であった。とすれば、ドクロを頭に載せ、北斗を礼拝し、さらには宙返りをしてもドクロが落ちないように訓練を積んだ狐であったと考えられる。なにしろ、千人の王の首を供えよと命じたほどの外道の神なのだ。きっと、絶世の美女のドクロを頭に載せ、その女の生前の姿に化けたのではなかろうか。

ドクロの代用品として、つまり人間の頭や髪の毛を表わす藻や葉を頭に載せて化ける狐が江戸時代頃から現われるが、それは化ける狐が大衆化した表われなのである。そうした狐たちが藻（化けたときに髪の毛になる）を好むのも、ひょっとして、玉藻前の「藻」にあやかったからなのではなかろうか。

いまでこそ玉藻前の名を知る日本人は少ないが、江戸時代にはたいへん有名な妖怪であった。京の王権を倒すべく御所内に入り込んだ妖怪は、日本では、後にも先にも、この狐のみであった。

第三章　是害坊天狗

天狗とはそもそも何か?

「天狗《てんぐ》」は、鬼や狐、河童《かっぱ》などとともに、日本でもっともよく知られた妖怪一族であろう。天狗といえば、鼻が高くて赤ら顔の、大柄な天狗をイメージする人が多いかと思う。たしかに、一般に流布している天狗のイメージはこの「鼻高天狗」である。

しかし、この天狗が姿を現わしてくるのは、日本天狗史のなかでも後半の中世後期頃からで、それ以前の天狗たちは、「そういえばそんな天狗もいたなあ」と思い出してくれる方もいると思うが、鳥のくちばしと翼《つばさ》を持った、いわゆる「カラス天狗」とも呼ばれる「鳥類天狗」が圧倒的多数を占めていた。

鼻高天狗の出現は、鳥類天狗と山伏（修験道の行者である修験者）がオーバーラップしてイメージされるようになってからであって、その証拠に、鼻高天狗の服装は、山伏の服装とほとんど同じである。

天狗の棲《す》み家《か》は山である。それも、近世では、修験の道場のある霊山《れいざん》であるとされ、名前もつけられていた。

江戸も中期頃に作成されたとされている『天狗経』なる書がある。それによると、京都の北西の愛宕《あたご》山には太郎坊という天狗、比良山（比叡山の奥）には次郎坊、鞍馬《くらま》山には僧正坊《そうじようぼう》、比叡山には法性《ほつしよう》坊、さらに横川（比叡山）覚海《かくかい》坊、富士山陀羅尼《だらに》坊、日光山東光坊、羽黒山三光坊、妙義山日光坊、常陸筑波法印、彦山豊前《ぶぜん》坊、等々、霊山には合計四十八天狗がいる、と書かれている。

この天狗名、固有名詞であるかに見えるが、霊山に結びつけられている名であるから、むしろ天狗の地域的集合名と考えた方がいい。愛宕山の太郎坊と称される地域的天狗集団があって、そのなかに、さらに個々の名前を持った天狗がいたというわけである。

『天狗経』の筆頭にあがっていた愛宕山の天狗が「太郎坊」つまり「長男」の天狗とされているように、愛宕山は平安時代から天狗の拠点とされていた。前章で那須野の妖狐「玉藻前《たまものまえ》」の話を紹介したとき、左大臣藤原頼長が近衛天皇を呪詛《じゆそ》したという噂が流れた、という実話について少し述べたが、この頼長の、おそらく修験もしくは陰陽師を用いて行なった呪詛法は、愛宕山の天狗像に釘を打ち込むという方法であった。つまり、その当時から、愛宕山には天狗像が祀られていたのである。

鳥類タイプの天狗がしきりに活動していたのは、平安時代であった。この頃の天狗をめぐる伝承の多くは、仏教とりわけ比叡山、つまり天台宗の僧たちにかかわるかたちで語られている。

すなわち、天狗は仏法をおとしめようとして、人間界に出現してくる妖怪として描き出されているのである。天狗は、天皇や貴族たちに憑《つ》いて病気にしたり、僧の法力に挑んだり、ときには愚かな僧をたぶらかして天狗を本尊として祀らせたりしている。いいかえれば、当時の高僧たちはこの天狗と戦い、それに勝利することで、その験力《げんりき》を誇示しえたといえるのであった。

安倍晴明《あべのせいめい》や安倍泰成《やすなり》といった陰陽師たちがその呪力で、あるいは源頼光や源頼政といった武将がその武力でもって、妖狐や鬼などを退治して名声を獲得したのと同様のことを、僧たちは天狗を相手に演じていたのである。そういうわけで、天狗は翼をもって空中を飛行することを得意とする姿かたちを持ちつつも、鬼や妖狐たちとも共通する妖怪的属性を持っている。

ここでは、こうした天狗のなかでも、日本の天狗集団の拠点である愛宕山の天狗たちを頼って中国から日本に飛来し、比叡山の高僧たちに挑戦するが、力及ばずこてんぱんに痛めつけられて敗走することになってしまうという、いささかこっけいな「是害坊《ぜがいぼう》」と称する天狗の物語を、主として紹介する。だが、その前に、当時の天狗の性格を知るうえで参考になる話を、二つ三つ紹介しておこう。

僧をだます天狗の敵は仏教

前章で紹介した那須野の妖狐に代表されるように、狐は人をばかすのを得意としていたが、天狗も人をばかすのである。もっとも、この天狗がばかす相手の多くは、未熟な修行僧たちであった。

平安時代は、極楽浄土への往生を願うために「南無阿弥陀仏《なむあみだぶつ》」の名号《みようごう》を唱える浄土教が僧をはじめ天皇や貴族たちに広まっていた。たとえば『今昔物語集《こんじやくものがたり》』という説話集の巻十五第八に、こんな極楽往生の話がある。

比叡山の横川《よかわ》にいた尋静《じんじよう》という僧は、死の数日前に「西方の空から、すばらしい音楽が流れ、美しい宝で飾り立てられた手車《てぐるま》を引いた、たくさんの立派な僧たちが大きな光のなかにおられる」という夢を見たという。この僧には極楽浄土からの阿弥陀の来迎《らいごう》があったのだ。

僧や一般の信者たちは、この尋静のように浄土に往生できることをひたすら願っていた。ところが、これを知る天狗が、往生を望む修行の未熟な僧たちを、ばかすことがあったのだ。『今昔物語集』巻二十第十二にみえる次のような話は、その一例である。

天狗の偽来迎

伊吹山の三修禅師《さんしゆぜんじ》は、あまり学問修行をしない僧であったが、極楽浄土へ往生したいという願いは強く持っていた。あるとき、空から素敵な声がして、「お前はとてもよく修行を積んだから、明日の昼過ぎ、極楽浄土へ導いてやろう」と告げられる。禅師は大喜びして、弟子たちをはべらせて、念仏を唱えながら、来迎を待っていると、西の空が明るくなり、やがて金色に輝く仏の顔が現われ、妙なる音楽とともに紫雲《しうん》につつまれた禅師は、仏に手を取られて西の空に去った。弟子たちは、てっきり師匠の禅師は極楽へ往生したと思っていたが、七日後に、裏山に藤の蔓《つる》で縛りつけられて、狂ったように念仏を唱えている禅師の姿を発見する。天狗にたぶらかされたのだった。この禅師、ついに正気に戻ることなく、三日後に息を引きとったという。

このような、仏のお迎えを願う心につけこんで、人をだますやり方を「天狗の偽来《にせらい》迎《ごう》」という。

龍に復讐された天狗

この時代の「鳥類天狗」は、やはり妖怪の仲間として活動することのある「龍」と仲が悪かったらしい。こんな話が、やはり『今昔物語集』巻二十第十一に伝えられている。

讃岐《さぬき》の満濃池《まんのういけ》の主の龍王が小蛇に化けて池の土手で昼寝をしていたところ、鳶《とび》の姿をした比良山の天狗が舞いおりて引っさらい、飛びながらこれを食べようとくちばしで頭をつついたが、龍なので体が固くて食べられない。そうこうしているうちに、比良山に着いてしまったので、この小蛇を小さな岩穴の中に閉じ込めて、また餌をあさりに出かけた。水がないので、龍王は術が使えず、苦しみ困り果てていた。

比良の天狗は、仲の悪い比叡山の高名な僧を引っさらって餌食にしてやろうと、木の上から狙っていると、ある僧が便所から出てきて、手を洗おうと柄杓《ひしゃく》を取ったところを、首尾よく引っつかまえて、空中へ飛び上がった。この僧も岩穴に閉じ込められる。だが、これが幸いして、龍王は僧の手にしていた柄杓に残っていた水を頭にたらしてもらって神通力《じんずうりき》を回復すると、たちまち正体を現わして、岩屋を蹴破《けやぶ》り、雲を起こして、僧とともに飛び去ってしまった。それからしばらくして、この天狗が荒法師《あらほうし》に化けて、京の町を獲物を求めて歩いていたとき、仕返しをしようとこの天狗を探し求めていた龍王に発見され、空から舞いおりた龍に蹴り殺されてしまう。殺された荒法師は、その正体を現わして、翼を折られた「糞鳶《くそとび》」（馬糞鷹《まぐそだか》）に変わっていた。

人が、突然、姿を消してしまうことを、「神隠し」という。なんとなく甘美な響きさえこの言葉に感じられるのだが、近代に入ってもなお語られていた「神隠し」の体験談を注意してみると、その多くが、自分をさらったものは天狗であったとしている。つまり、「神隠し」の多くは「天狗隠し」つまり「天狗さらい」の別称であったのだ。右の話から、天狗の属性としての「人さらい」がもうこの頃には定着していたことがわかる。しかも、この当時の天狗が馬糞鷹と同一視されていたらしい。

右に紹介した話でかなり天狗のイメージが明らかになってきたと思うが、もう一つ、天狗が人に憑くという話を紹介しておこう。これもまた『今昔物語集』巻二十第六にみえる話である。

天狗も人に憑く

京の東山に仏眼寺《ぶつげんじ》という寺があった。そこに仁照《にんしょう》という僧が住んでいた。あるとき、七条付近に住む金箔《きんぱく》などを打つ者の妻がやってきて、しきりに仁照に言い寄り、誘惑しようとする。仁照が無視すると、思いあまったその女は、僧に挑みかかってきた。僧が必死に不動明王に祈って助けを求めたところ、女は何者かに投げ飛ばされるように、二間あまりもすっ飛んで、両ひじを伸ばしコマのようにくるくると回転し始め、堂の柱に四、五十回も頭を打ちつけた末に、やっとおとなしくなった。そして、女に憑いていた天狗が正体を現わして、女の口を借りて「助けてください。私は東山の白川に住む天狗です。二年ほど前からあなたを堕落させてやろうと狙っていたのですが、あなたのたのむ不動尊のために、術は破られてしまいました。なにしろ翼を折られて、神通力も失せてしまったのです」と泣く泣くいう。仁照がこれを許すと、女は正気に戻ったという。

ようするに、この女に天狗が乗り移り、その女の体を借りて、仁照を破戒へ導こうとしていたのである。この天狗もまた、翼を持った天狗、つまり鳶の姿でイメージされる鳥類天狗であった。

天狗を作り上げたのは天台宗の僧

さて、こうした天狗伝承から明らかになってくるのは、比叡山の密教僧たちは、この世のなかの「異常」を「天狗」によって説明しようとしていたかにみえる、ということである。大雑把ないい方をすると、陰陽師が「鬼」を想定することで、あるいは「妖狐」を想定することで「異常」を説明しようとしたのに対し、天台の密教僧は「天狗」を想定することで「異常」の説明の独自性を主張したのだ。彼らは、天狗と戦い、これを退治することでその存在を主張し、かつ仏の教えを人びとの間に広めようとしたというわけなのである。

以下で紹介する「是害坊《ぜがいぼう》天狗」の物語も、そんな意図から作られた物語である。「是害坊」の物語のもとになったのは、『今昔物語集』巻二十第二にみえる、震旦《しんたん》（中国）の天狗智羅永寿《ちらえいじゅ》の物語であるが、この「智羅永寿」が名を「是害坊」と改めて物語に登場してくるのは、鎌倉時代に入ってからのことである。この是害坊天狗の物語は、よほど人気があったとみえ、たくさんの絵巻に描かれている。

ここでは、もっとも古い『是害房絵巻』（曼殊院蔵）によりながら、見ていこう。

中国天狗・是害坊、自信満々で渡来す

康保《こうほう》三年（九六六）の春の頃、つまり、いまからおよそ千年も昔の、村上天皇の治世のときに、唐《とう》より是害坊という大天狗の首領が日本に渡ってきた。康保年間といえば、まもなく藤原道長の一族が全盛を誇ることになる時代である。この物語の作者が、といっても、もともとは京の都に流れた噂話のたぐいとして語り出された話だったろうと思うのだが、どうしてこの年に渡来したとしたのか、という理由についていは、わたしには思いあたることがない。この年に、天狗の活動を思わせるような大事件が比叡山に発生したのだろうか。

是害坊という名前も興味深い。その性格がよくわかる。「これが害である天狗」というのである。彼は、愛宕山に棲む天狗集団のところにワラジを脱ぐ。その首領は日《にち》羅《ら》坊《ぼう》といった。是害坊が日羅坊に語る。

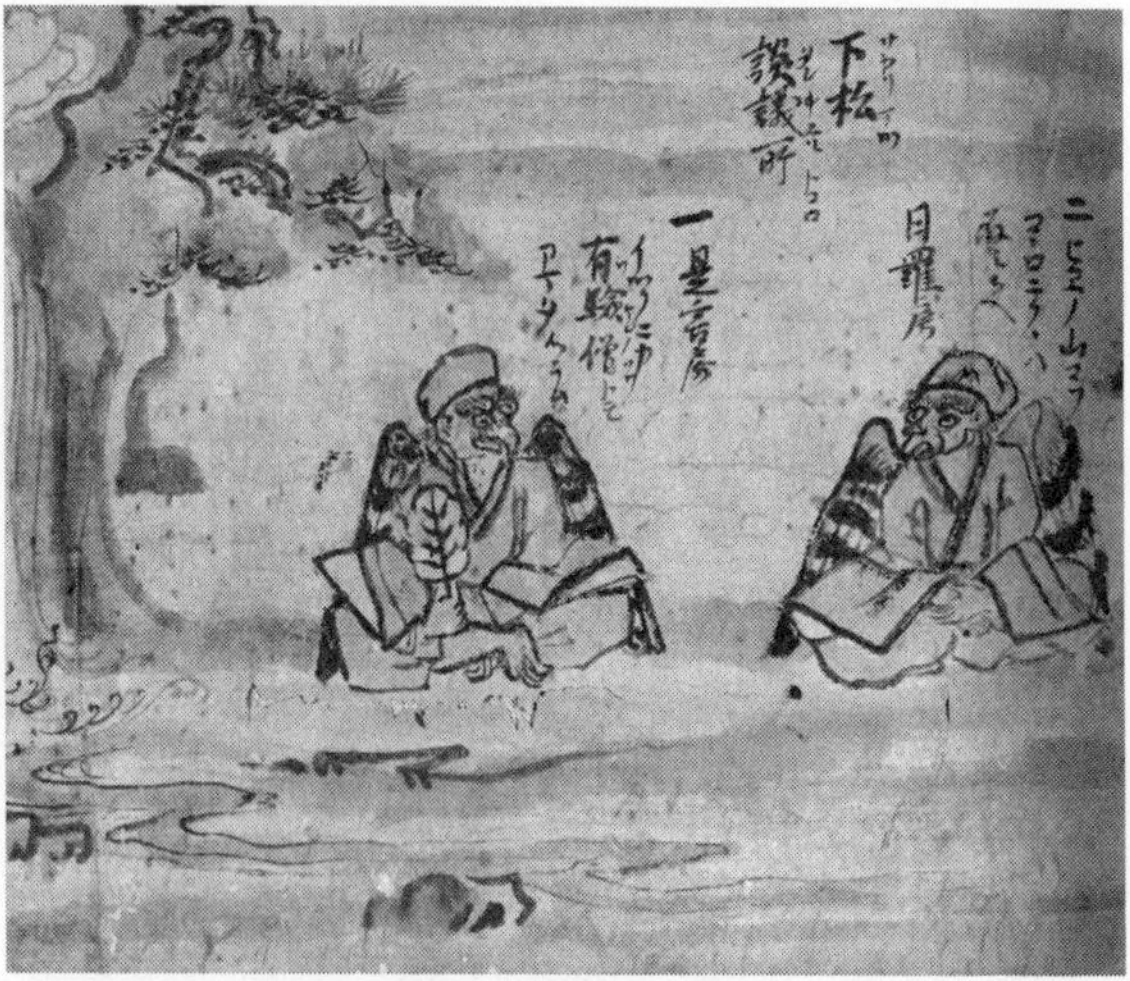

唐の国からやってきた大天狗の首領・是害坊は，愛宕山に棲む天狗集団のもとにワラジを脱ぎ，鼻高々に自慢話を始める（『是害坊絵巻』曼殊院蔵）

「わたしたちの棲む唐は、仏が生まれたインドに近いせいもあって、天台山、伊王山、清龍寺などといった著名な寺が多くあり、験力《げんりき》（呪力）の優れた僧がたくさんいるが、わたしたち唐の天狗の危害から逃れることのできた僧は一人もいない。日本も仏法の国なので、さだめし験力の優れた僧が多いと思い、その修行を妨げてやろうとやってきた」

これを聞いた日羅坊はた

いへん喜び、「私どもの国は小国ですが、徳を積んだ僧も多くいて、危害を加えようとしてもできない僧もたくさんいます。おっしゃるようにしてくだされば、日頃の思いを遂げることができます。そのお手伝いをさせてください」と協力を申し出た。

そうはいったものの、日羅坊の心のうちは複雑であった。日羅坊は、まず比叡山に是害坊を案内しながら、「同じ天狗だということで、遠くからやってきた是害坊に、日本の僧のなかにはあなたのかなわない僧もいるといえば、是害坊は気分を悪くするだろうし、しかし、日本の天狗としては、唐の天狗が日本の僧に次々に危害を加えるようなことになれば、日本国の名折れで、それもあまり気分のいいことではない。慈覚大師《じかくだいし》や相応和尚《そうおうおしょう》といった有験《うげん》の僧が生きておられれば、日本の僧もすごいんだ、ということを是害坊にも思い知ってもらえるんだが、いまの僧はどうだろうか」と思った。

日本の天狗も、日本という国に棲んでいる者として、日頃は敵である日本の僧たちに対し、「われわれ意識」「仲間意識」を持っているのがおもしろい。

さて、是害坊は老法師に化けて、比叡山の僧が通りかかるのを待っていた。日羅坊は、遠くの木陰から、老法師に化けた是害坊がどうなるのかを覗《のぞ》き見ていた。比叡山

老法師に化けて比叡山の僧を待っていた是害坊のところに余慶という僧が通りかかった。と，突然，火を吹く鉄輪が是害坊めざして飛び込んできた（『是害坊絵巻』曼殊院蔵）

の僧たちに顔を知られているので、この山のなかをうろつくわけにいかなかったのだ。姿を見られたら、たちまち追い払われてしまうだろう。

　しばらくすると、余慶《よぎょう》という僧が、宮中で修法（密教の祈禱）をするために輿《こし》に乗って通りかかった。是害坊が「この僧をまず痛めつけてやろう」と思って待ち構えた。と、そのときである。鉄火輪《てっかりん》が、突然、輿の前に出現したかと思うと、是害坊をめざして飛び込んできたのだ。是害坊は、攻撃どころか、その火輪の攻撃をかわすのが精一杯であった。余慶法師の輿は、逃げ惑う是害坊の側を通り過ぎて下っていった。

輿をかつぐ力者《りきしや》の足音が聞こえなくなったので、日羅坊が木陰から出てきて、「どうしてあの僧を攻撃しなかったのか」と尋ねた。是害坊は「火輪が飛んできた。それで羽を焼かれては本国に戻れなくなってしまうから、攻撃をしかけなかった」と気まずそうに弁解した。

そこで、日羅坊があざ笑いながら教える。「あの僧は不動明王を深く信仰する僧だから、火界呪《かかいじゆ》という呪文を唱えたのでしょう」。

ここでいわれている「火界呪」とは、密教僧がかける「火焔術《かえん》」のことである。密教僧は、この火焔で、魔軍魔衆《まぐんましゆ》のたぐいを焼き殺すことができたのだ。忍術使いの火《か》遁《とん》の術のもとは、この「火界呪」であったといっていいだろう。

日羅坊に醜態を見せてしまった是害坊。「ちょっと気を許し過ぎたようだ。今度やってくる僧には、ちゃんと苦しみを加えてみせましょう」と、もう一度待ち構えていると、また、輿に僧を乗せた一団が下ってきた。飯室の深禅《じんぜん》権僧正の一行であった。

是害坊天狗、二度目の襲撃を決行す

この人も不動明王を信仰する人で、このとき「不動慈救呪《ふどうじきゅうじゅ》」という呪文を唱えていた。是害坊が攻撃しようとすると、突然、赤いちぢれ毛の髪をした二人の童子が、輿の前に出現するやいなや、杖を振り上げて、是害坊めざして走り寄り、激しく杖で追い立て追い払った。杖で背中を激しく打たれた是害坊は、やっとの思いでその攻撃から逃れて、はるか遠くの藪《やぶ》のなかに隠れた。

この光景を遠くで見ていた日羅坊は、あまりにふがいない是害坊がおかしくてたまらなかった。絵巻にはそう書いてないのだが、きっとそう思ったにちがいない。権僧正の一行が去ったあと、笑いをこらえ大まじめな顔をして、日羅坊は、藪のなかで顔色を失って肩で息をしている是害坊に話しかけた。「いったいどうなさったんですか」。

是害坊は、恐怖で震えながら、ことの子細を話した。そこで日羅坊がまた、「あの僧も不動明王を信仰する者で、攻撃してきた二人の童子は、不動明王から派遣されて僧を守っている金迦羅《こんがら》童子《どうじ》と制多迦《せいたか》童子でしょう」と、不動明王とそれに従う二童子、その二童子を修行によって獲得する高僧について、是害坊に説明してあげるのであった。

そこに、日羅坊の仲間で、比良山に棲む大天狗聞是坊《もんぜぼう》が「唐土《とうど》から大天狗がやってきた」という噂を聞いてやってきた。

この比良山の天狗は、数百歳というとても年をとった天狗で、このために日本の僧たちについてのいろいろな情報をたくさん持っており、そのなかから、文徳《もんとく》天皇の女《にょう》御染殿 后《ごそめどののきさき》を悩ませた紺青《こんじょう》鬼《き》の話や、惟仁《これひと》親王（のちの清和天皇）の護持僧、つまり呪的ボディーガードもしくは呪医としての役目をになっていた恵亮《えりょう》と、惟喬《これたか》親王の護持僧《ごじそう》である真済《しんぜい》との呪いのかけあいの話などを語り聞かせながら、「有《う》

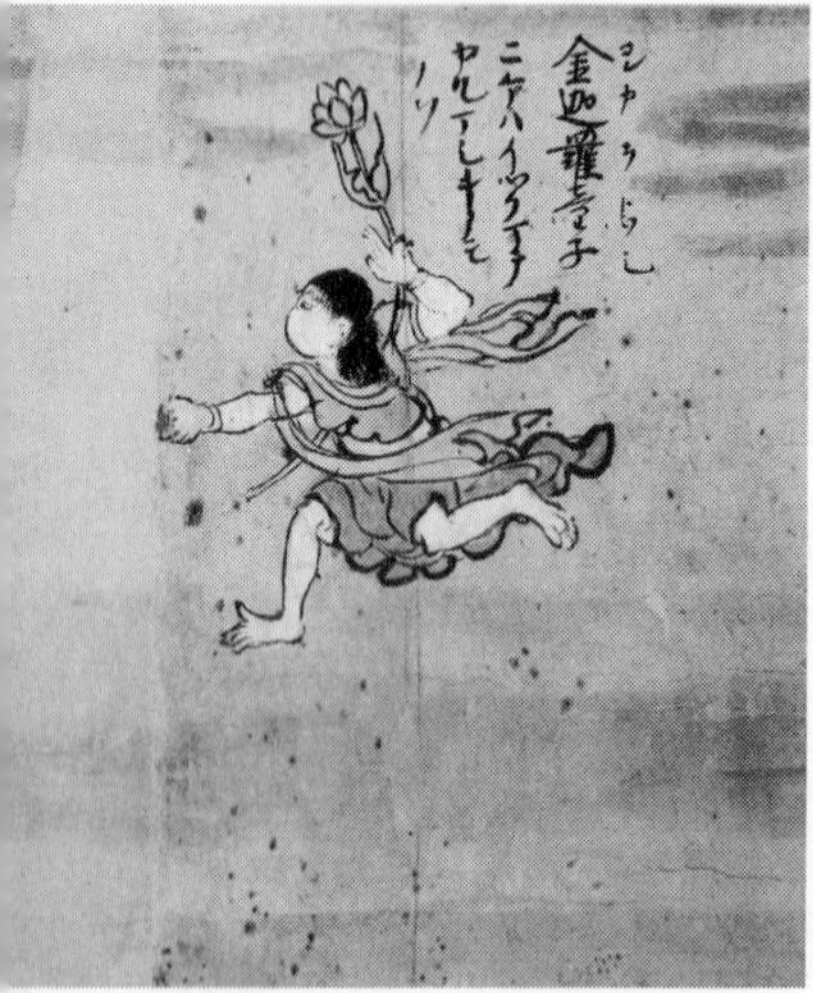

是害坊の二度目の襲撃。つぎにやってきた飯室の深禅権僧正を襲おうとするが，今度は金迦羅童子，制多迦童子に杖でたたかれ，追い払われる（『是害坊絵巻』曼殊院蔵）

験《げん》の僧に危害を加えようとするためには、充分に用意を施し、また、破れたときには、笑い物にされ恥をかかないようにしなければならない。しかし、聞けば、二度にわたって恥をかかされてしまうとは、なんとも哀れなことだ」と、したり顔で説教するのであった。持って回った言い方をしているのだが、ようするに、「二度も恥をかかされて、そのまま本国へ逃げ帰っていいものだろうか。ここは

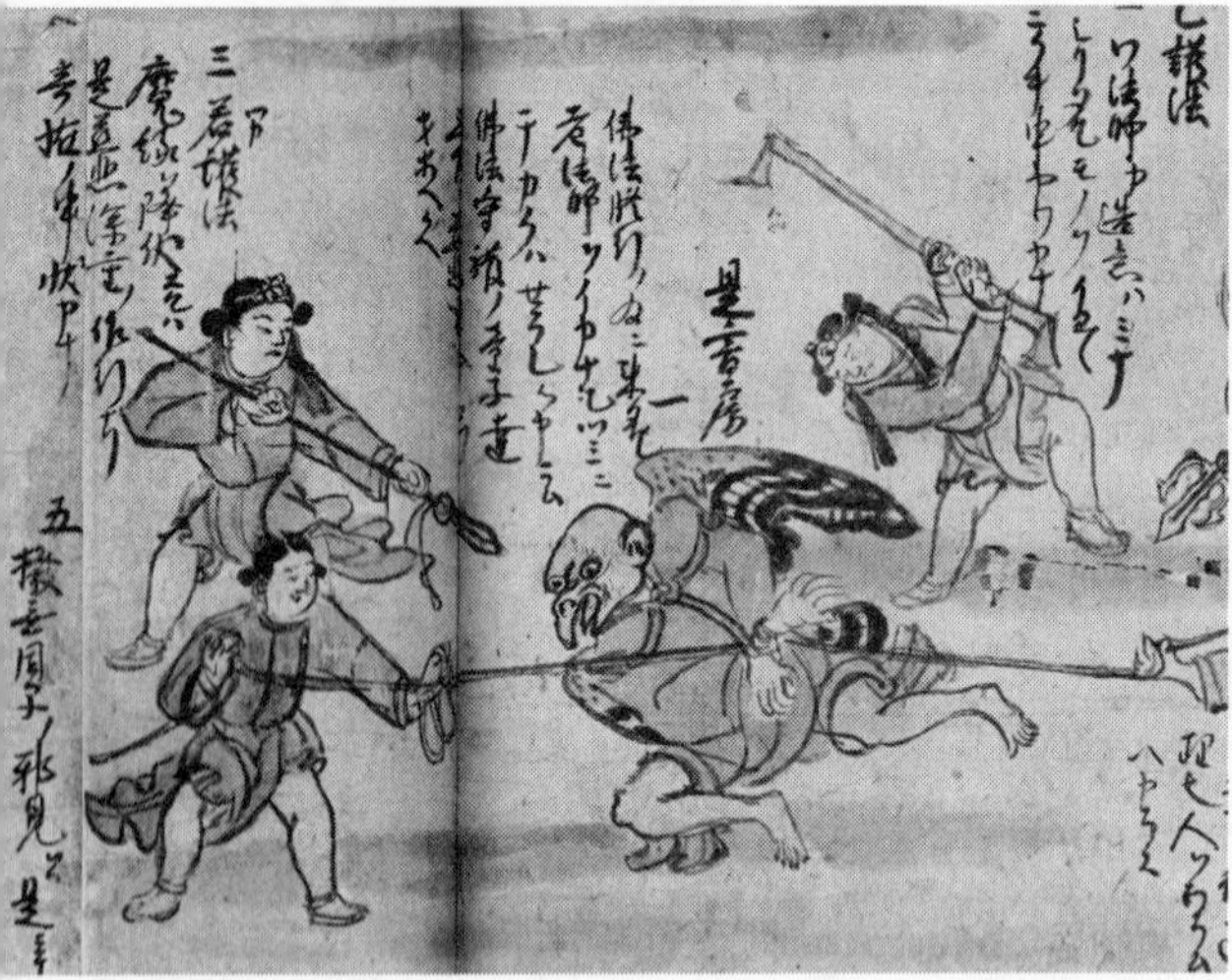

もう一度、比叡山の僧に挑戦して見事危害を加えて、これまでの恥をそそいでから本国へ帰るべきではないか」と、そそのかしているのである。

しぶしぶ三度目の襲撃に挑戦す

是害坊の心のうちは、きっと本国へ逃げ帰りたいという思いで一杯であったろう。二度も有験の僧の呪的攻撃を受け、命を落とさないですんだのが不思議なくらいだったのだから。しかし、聞是坊にそうまでいわれれば、ここはやはり、恥をそそいで立ち帰ってみせましょうといわざ

是害坊の三度目の襲撃。日本の天狗にそそのかされて出かけた是害坊は天台座主・慈恵大師の一行に会い護法童子たちに瀕死の重傷をおわされる。それを木陰から見ている日羅坊（『是害坊絵巻』曼殊院蔵）

るをえない。

　こうして、是害坊は三度目の挑戦のために、僧が通りかかるのを待っていたところ、今度そこに通りかかったのは、なんと、比叡山の僧集団の頂点に立つ座主慈《じ》恵《え》大師の一行であった。輿の前後左右には、たくさんの容顔妙なる童子たちが従っており、老法師姿の是害坊を発見するや、「この老法師は怪しい僧だ。逃がすな」と叫んで走り寄ってきた。

　是害坊には、もう恥も外聞もなかった。その場から脱兎《だっと》のごとく逃げだしたが、追いかけてきた童子たちに、たちまち捕らえられて縛りあげ

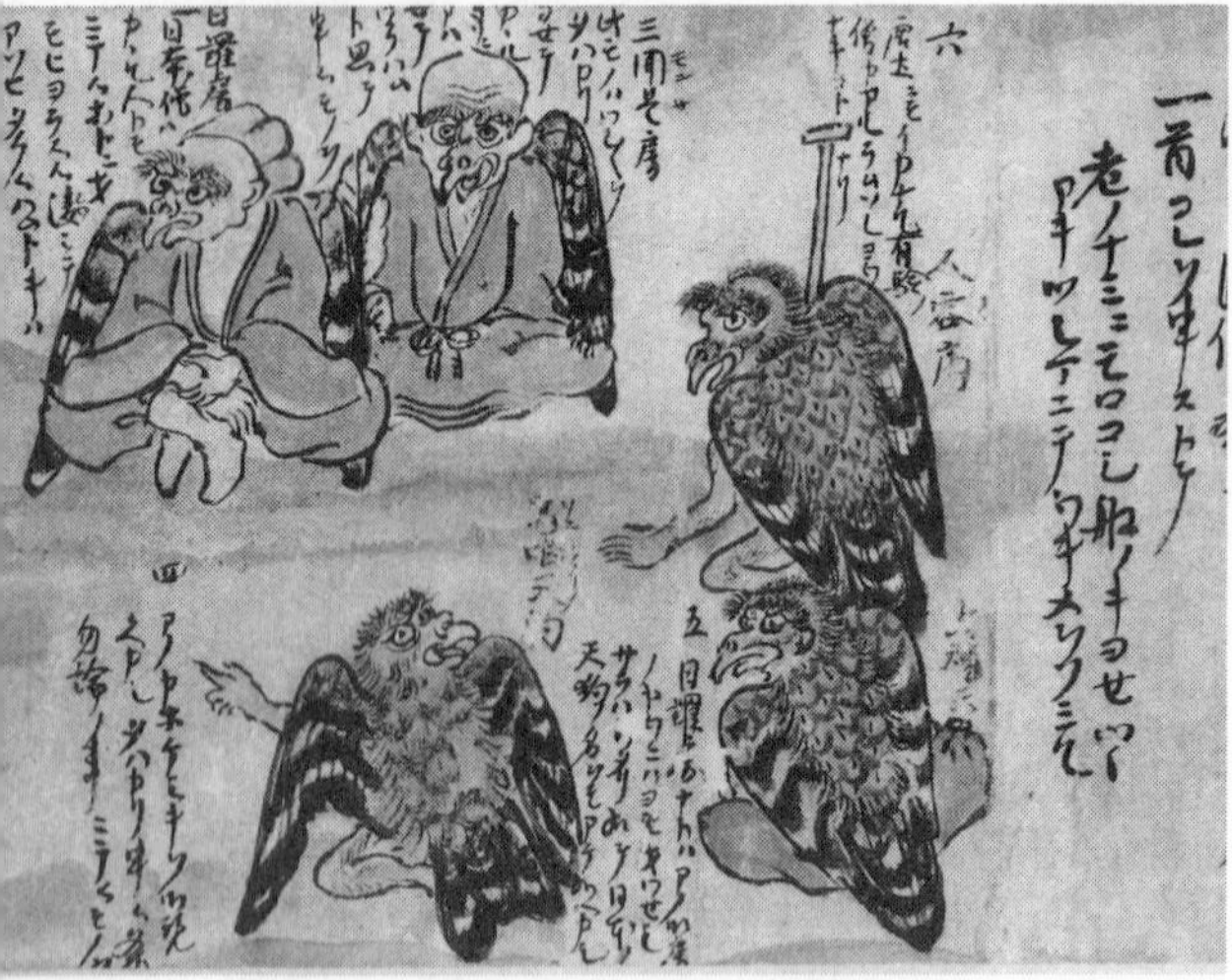

られ、乙護《おつご》法《ほう》や若護《わかご》法《ほう》をはじめとしたたくさんの童子にさんざん打ちすえられ、踏みつけられ、瀕死《ひんし》の状態で、その場に倒れ伏してしまったのであった。

慈恵大師の一行が立ち去ったあと、日羅坊が木陰から出てきて、是害坊のところへ行ってみると、かわいそうなことに、是害坊は、五体を打ち砕かれて身動きもできず、物をいうこともできず、ただ、かすかに目をしばたいている、という状態で倒れていた。

しばらくして、ようやく口をきくことができるようになった是害坊

日本を小国だと嘲笑した是害坊に対して不快感をもった日羅坊は「日本は小国だが神国……」と説教を垂れたあと，仲間の天狗たちとともに加茂川の河原に湯屋を構え，是害坊に湯治させた。すると是害坊は元気をとり戻す（『是害坊絵巻』曼殊院蔵）

は、「唐からあなたを頼ってやってまいりましたが、日本の生仏《いきぼとけ》のような僧たちに会って、このようなひどい目にあわされてしまいました。自分の傲慢《ごうまん》さが、こうした結果を招いたのであって、いまはもう、命を失っても仕方がないと観念しておりますが、できれば、もう一度本国へ帰りたいと思っております。湯治《とうじ》などをしたり、医道を心得た天狗のお世話になって、命を取り留めることができればと思います」と助けを求めた。

日本を小国だと嘲笑《ちょうしょう》し、日本の高僧たちをあなどった是害坊に対して、とても不快感をいだいていた日羅坊は、「ざまあみろ」と、いってやりたい気持ちだった。しかし、やはり同じ天狗仲間である。日羅坊は、「日本は小国だが、神国なのであって、多くの仏たちがこの地にやってきて、人びとを守っているのだ」と、長々と自慢げに説教を垂れたあと、仲間の天狗たちとともに、加茂川の河原に湯屋《ゆや》（風呂）を構え、是害坊に湯治を施したところ、だんだん元気が回復してきた。そこで、是害坊は、日羅坊たちに礼を述べ、本国へと帰っていった。

天狗は天台宗の宣伝用の物語

天狗という妖怪には、自負心の強い傲慢な心を持った者が多い。やたら自分の力を自慢するのだ。「鼻が高い」のはそのせいである。いや、鼻が高いという属性を帯びていた天狗が自分の力を自慢しがちであったから、そこで、自慢することを鼻を高くするということになったのかもしれない。いずれにせよ、そんな天狗は、いつも失敗をこらしめられることになる。是害坊もそんな天狗であった。

したがって、是害坊と比叡山の高僧との験力、呪力くらべといった話が積み重ねられているこの物語の根底に流れている基調は、笑い話であるといっていいだろう。是害坊は、愚かな天狗、笑われるべき天狗なのだ。そして、こうした天狗がいることによって、その相手である高僧たちのすごさが、くっきりと浮き上がってくるようになっていたのである。

つまり、この物語は、比叡山の天台宗の宣伝用の物語ともなっていたわけである。

天狗の直接の敵は護法童子

さて、この是害坊天狗の物語を読んで、とりわけ興味深いと思うのは、高僧たちが火焰術を用いたり、神的な童子の力を借りたりして、天狗と戦っている、ということである。高僧に従う神的童子たちを「護法童子」という。この護法童子は、さまざまなものに変化する能力を持ち、空中を飛び、恐ろしい能力さえ持っている。それは、いってみれば、もう一つの「天狗」、天狗の反転したイメージであるといっていいだろう。天狗の直接の敵は、護法童子なのである。

こんな話が伝えられている。

長慶上人は、若くして比叡山に登って比丘《びく》になった。世事をもののかずとせずに比叡山に入って、施無畏寺《せむいじ》に住んでいて亡くなった。その死にさいして神秘なることが生じ、人びとは、それに驚き、称賛した。それから数年後のことである。中原忠長という貴族の娘が、長く邪気に悩まされていたので、有験の僧を招いて祈禱してもらったところ、邪気が正体を現わした。邪気の正体は天狗であった。

天狗が人の口を借りて、「わたしは天狗だ。とくに怨《うら》みがあってついているわけではない」と語る。ついでに、次のようなことを語ったのだ。

「かつて食物を求め、一つの古い宮に入ったところ、后《きさき》が病気になった。わたしの邪気に触れたためである。そのとき、后の近くにいる人が、比叡山の長慶上人を招いて祈禱してもらうといいと教えた。それを聞いて、わたしは、長慶上人など恐るに足らずと思った。招きに応じて、まず童子（長慶上人の護法童子である）が一人、杖を持ってやってきた。わたしは、これを見て恐怖した。次に上人がやってきた。上人にはやはり二人の童子が従っていた。童子はわたしを見つけて睨《にら》んだ。わたしはとても恐ろしかったが、その場を離れなかった。ところが、上人が『不動火界呪』で祈禱したところ、十数人の数に増えていた童子たちがいっせいにわたしを襲ってきて、杖で追い払い打ちつけてきた。わたしは逃げようとしたが、知らぬまに周囲には鉄網が張り巡らされており、そのなかに閉じ込められているのに気づいた。なかは火焰に包まれた。わたしは逃げ回ったが、その火が羽翼を焼き、身も焼けただれてしまった。

幸いにも一命は取り留めたので、それ以後、この長慶上人を苦しめてやろうとつけ狙った。だが、果たせずに三年ほどたったとき、偶然にこの上人の死に際を見ることができた。近づこうとしたが、毘沙門天《びしゃもんてん》がその枢《ひつぎ》近くにいるので近づけず、臨終のときには、四天王たちも迎えに来ていた。このようなわけで、遠くから、その臨終の様子を見ているだけであった」

比叡山の僧たちは、病気は邪気（物怪）によると考えた。そして、その邪気を「天狗」と表現することが多かったのである。その邪気を追い払うために、護法童子が動員されたのだ。一般の人には見えない、護法童子と天狗の戦いは、およそ以上のようなものだった。

天狗とは、もともと何だったのか？

では、こうした天狗一族はどうして生じるようになったのだろうか。別のいい方をすれば、天狗はもとから天狗であって、それ以外の存在ではないのだろうか。

天狗の始祖が何者かはわからない。その始祖が子を生み、その子が成長してまた子を生み、といった具合に、天狗一族は増えたのだろうとも思える。しかし、当時の人びとは、邪悪な人間が人間界から天狗界へと落ちて、天狗になるのだとも考えていた。

比良山の天狗が、是害坊をそそのかすために語った話のなかに、文徳天皇の女御染殿后の話があった。その話とは、「文徳天皇の女御染殿后は、石山の行者、紺青鬼となりて、悩ましたてまつりしを、智証大師《ちしようだいし》、加持《かじ》し給ひければ、その後は、近江の水海（琵琶湖《びわこ》）に隠れ侍《はべ》りしかども、恥をかくことはなかりき」というものであった。石山の行者が紺青鬼という鬼になって、染殿に憑いて病気にしたが、智証大師の祈禱で退散させられた。退散した鬼は琵琶湖の底に隠れて出てこなかったので、恥をさらしていることがなかった。それに引きかえ、あなたは一度ならず二度までも恥をさらしている、とさり気なく是害坊を責めていたのだ。

ここでは、石山の行者が鬼になったと表現されているが、ある書物によると、染殿を悩ました邪気が天狗で、しかも、もとは紀僧正《きのそうじよう》という立派な僧であったという。つまり、僧が戒めを破って天狗になることもあったのである。染殿についた天狗は、柿本天狗という名の天狗であった。この柿本天狗を調査してみると、意外や意外、もと真言宗の僧で、知徳秀逸にして験徳無双《げんとくむそう》の聖《ひじり》であったが、大法慢（慢心）して、日本第一の大天狗になった。その大天狗が愛宕山の太郎坊だ、というのである。愛宕山といえば、是害坊を迎えてくれた日羅坊が棲んでいる山であり、ここの天狗たちは太郎坊と呼ばれていた。実際、ある『是害坊絵巻』では、是害坊を迎えた愛宕山の天狗は太郎坊という天狗であったと語られている。ということは、この山の天狗の始祖は人間の僧だった、ということになるわけである。

比良山の天狗は、真済という僧の話をもう一つする。この真済は木原皇子（惟喬親王）の真言系の護持僧であり、惟仁親王（のちの清和天皇）の護持僧が、天台系の恵亮であった。この真済と恵亮は、皇位を巡って争っていた二人の皇子の護持僧であったために、互いに対立していたが、脳を砕いて護摩壇《ごまだん》に投げ入れて呪詛した恵亮のために、惟喬親王は呪い殺されてしまった。怒り狂った真済は、魔道《まどう》に入ったという。魔道に入ったことで、恥を人目にさらさずにすんだのだ、と比良山天狗は語ったのである。

ここでも、是害坊が生き恥をさらしていると批判する材料に、真済の話が引き合いに出されているのだが、この真済のことを調べてみると、これまた意外なことに、なんと染殿后を苦しめた柿本天狗は、この真済であったというのだ。惟喬親王を守り切れずに面目を失った真済は、文徳天皇の后染殿の美しさに迷って、これを犯し、死後、天狗になったとも語られている。染殿は清和天皇の母である。真済の屈折した復《ふく》讐《しゅう》であったといえよう。

ともあれ、そんな天狗たちが続々と生まれ、やがて巨大な勢力になっていったのだ。そして、そのなかから、やがて、是害坊ごときの天狗など足元にも及ばない、恐ろしい大天狗の首領が立ち現われてくることになった。保元の乱で敗れて、讃岐に流され、かの地で没した崇徳《すとく》上皇（元永二年〈一一一九〉―長寛二年〈一一六四〉）である。

彼は天狗道に入って、金色の大鳶の姿をした天狗中の天狗となり、多くの天狗を従えて、天下の騒乱を企てたという。

こうして僧たちの退治する天狗から、国家を揺るがす天狗のイメージが形成されてくることになる。もっとも、それは中世に入ってからのことである。これについては、次の章で紹介することにしよう。

第四章　日本の大魔王　崇徳上皇

実在の人、崇徳上皇

京都市上京区に「白峰神宮《しらみね》」という小さな神社がある。小さいといっても、北野天満宮などの大社に比べてのことで、それなりに風格のある神社である。

祭神は崇徳上皇《すとくじようこう》と淳仁天皇《じゆんにん》。崇徳上皇は死後、日本の「大魔王」「金色の大きな鳶《とび》の姿に化生《けしよう》した天狗の首領」となって天下を騒乱に導いた、とされる人物である。

白峰神宮の創建は、慶応四年（一八六八）、明治維新政府軍が奥羽越列藩同盟軍への攻撃を開始しようとしていた年のことである。討幕に先立ち、「もしものことがあっては」と怖れた明治天皇は、父孝明《こうめい》天皇の遺志を継いで、「日本国の大魔縁《だいまえん》となり、皇《すめらぎ》を取って民となし、民を皇となさん」と、自らの舌先を食いちぎり、その血潮で大乗経に呪詛《じゆそ》の誓文《せいもん》を記し、また死後は怨霊《おんりよう》、天狗となって人の世を乱し続けたとされる崇徳上皇の霊を、讃岐の白峰御陵から乞い招いて神に祀りあげることで、その恐ろしい霊威の発現を封じ込めようとした。

七百年余りも経って、なお朝廷を恐怖させていた崇徳上皇とは、どんな人物であり、どんな災厄《さいやく》をもたらしたのか。この章では、この崇徳上皇をめぐる伝承をたどりながら、天狗信仰のもう一つの側面をかいまみることにしよう。

いうまでもなく、崇徳上皇は歴史上の人物である。これまで紹介してきた、説話のなかだけの妖怪である「酒呑童子《しゆてんどうじ》」や「玉藻前《たまものまえ》」「是害坊《ぜがいぼう》」とは、この点で決定的に異なっている。

史実の崇徳上皇は、二つのことで知られている。一つは百人一首に採られた「瀬をはやみ　岩にせかるる　滝川の　われても末に　あはむとぞ思ふ」の作者として、もう一つは、武士（特に平家）を政治の表舞台に登場させるきっかけとなった「保元《ほうげん》の乱」（保元元年〈一一五六〉）の首謀者の一人として。

まず、この歴史上の人物としての崇徳上皇の姿をざっと追ってみよう。というのは、それを知らなければ、死後に、「大魔王」となったという崇徳上皇の怨念の深さもよく理解できないからだ。

呪われた崇徳院の出生の秘密

崇徳上皇は、元永《げんえい》二年（一一一九）、鳥羽天皇の第一皇子として生まれた。母は待《たい》賢門院璋子《けんもんいんしょうし》。

彼は、その出生からして呪われていたといっていいだろう。というのも、実は彼の本当の父は、鳥羽天皇ではなかった。鳥羽天皇の祖父である白河法皇と璋子との密通によって生まれた子だったらしいのだ。

五歳のとき、彼は即位して崇徳天皇となり、父の鳥羽天皇は上皇となった。しかし、当時を院政時代と呼んでいるように、退位した上皇（仏門に入った場合は法皇）が実権を握っていた時代であった。天皇は思うように権力をふるうことができなかったのである。もっとも、たとえ権力を手にしていたとしても、五歳の幼帝ではその権力を自らの意思で行使できるはずもなかった。

ところで、崇徳に天皇の位を譲って上皇となった鳥羽上皇が、それですんなりと権力を手中にしたかというと、そうではなかった。すでに父の堀河《ほりかわ》天皇は世を去っていたが、祖父の白河法皇が健在であった。そこで、彼はひたすら白河法皇の死を待ち続けた。法皇が亡くなれば、権力が自分のところに回ってくる、と。

無視された崇徳天皇

大治《だいじ》四年（一一二九）、ようやく白河法皇が亡くなった。権力を手にした鳥羽上皇は、隠微な形での復讐を開始する。璋子と崇徳天皇を無視する態度に出たのだ。そして、白河法皇に嫌われて政界から遠のいていた、藤原忠実《ふじわらのただざね》の娘の泰子《たいし》を皇后に迎え、皇子の誕生を待った。きっと、泰子に皇子が生まれれば、これを皇太子としようとしていたのだろう。しかし、それは、泰子がついに皇子を生まなかったために果たせず、改めて藤原長実《ながざね》の娘の美福門院得子《びふくもんいんとくし》を入内《じゆだい》させ、ようやく待望の皇子体仁《なりひと》親王を得ることができた。

事件の陰に女あり。保元の乱の陰の首謀者の一人となるのが、この美福門院で、「玉藻前」伝説の妖狐《ようこ》玉藻前のモデルともいわれている女性である。絶世の美女だったという。

新しい皇子を得た鳥羽上皇は、崇徳天皇に譲位を迫り、本来ならば、崇徳の皇子重仁親王が帝位につくべきところを、わずか三歳のわが子体仁親王をむりやり即位させてしまったのだ。これが、十七歳で早世することになる、近衛《このえ》天皇である。

これを受け入れざるをえなかった崇徳天皇の心境がどんなだったかは想像するにかたくない。だが、残念なことに、彼には権力がなかった。鳥羽上皇が白河法皇の死を待ったと同じように、上皇となった崇徳も、鳥羽上皇の死を待って、ひたすら隠忍自《いんにんじ》重《ちょう》の歳月を送らざるをえなかったのである。

近衛天皇の死の波紋

待つこと十五年、転機のきざしとなる事件が発生した。近衛天皇が亡くなったのである。久寿二年（一一五五）のことである。すでに第二章で紹介したように、このとき、その死をめぐって、奇怪な噂が流れた。藤原忠実・頼長父子が、愛宕山の天狗像に釘を打って近衛天皇を呪ったというのだ。藤原忠実・頼長父子は、忠実の娘の高陽《かや》院《いん》泰子が入内した当時、鳥羽上皇に大事にされたが、美福門院得子が近衛天皇を生んでからは、遠ざけられていた。それを怨んで呪詛したとされたのだった。

近衛天皇の死は、政界に大きな波紋を投じた。美福門院の皇子は近衛天皇一人であったからだ。崇徳天皇は、自分が再び天皇となるか、もしくは嫡子《ちゃくし》重仁親王が天皇になることを期待していた。

しかし、鳥羽上皇の寵愛を一身に受けていた美福門院は、白河法皇と密通事件を起こした璋子と鳥羽上皇との間に生まれた雅仁《まさひと》親王の皇子守仁親王を、天皇にすることをすすめた。だが、鳥羽上皇は、守仁親王の父が健在だからと、とりあえず雅仁親王を天皇の位につけることにした。

この天皇が、のちに源頼朝をして「日本一の大天狗」といわしめたほどの権力を握ることになる後白河《ごしらかわ》天皇であった。

社会的には、同じ鳥羽上皇の子でありながらも、呪われた出生のゆえに父鳥羽上皇に嫌われた崇徳上皇と、鳥羽上皇や美福門院に信任された後白河天皇。両者が反目しあうのは当然であった。だが、鳥羽上皇が健在ならば、その対立は表面化しなかったにちがいない。

ところが、その鳥羽上皇が翌年の保元元年（一一五六）に病をえて、亡くなってしまうのである。その結果、天皇と上皇の争いが摂関家の争いと複雑にもつれあった形で表面化して、保元の乱が勃発《ぼっぱつ》する。

崇徳上皇と、政界から遠ざけられていた藤原頼長が、手を組んで蜂起したのだ。

崇徳上皇側に立ったのは、平氏では、平家弘《たいらのいえひろ》、平盛弘《もりひろ》、平時弘、平忠貞、源氏では、源為義《みなもとのためよし》、源為朝《ためとも》、源為仲《ためなか》、源頼憲《よりのり》、源盛綱《もりつな》など。一方の後白河天皇側は、平氏では、平清盛《きよもり》、平信兼、平惟繁《これしげ》、源氏では、源義朝《よしとも》、源義泰《よしやす》、源頼政《よりまさ》、源重成《しげなり》などであった。

讃岐に流される崇徳上皇

勝負はすぐについた。あっけなく崇徳上皇側が敗れたのだ。そして投降した崇徳上皇は、讃岐に流され、九年間の辛苦《しんく》の配流《はいる》生活の末に亡くなり、白峰山に葬られた。配流の身の崇徳上皇は、京への望郷の念やみがたく、人を頼って京への帰郷をはかるが、後白河側近の実力者信西入道《しんぜいにゅうどう》がこれを許さなかった。

これを知った崇徳上皇は、以後、髪を切ることも、爪を切ることもせず、「生きながら天狗の姿にならせ給ふぞ浅ましき」と評されるほど、すさまじい姿に変わっていった。彼の怨念《おんねん》は、より深く激しいものになって燃え上がっていたといっていいだろう。

そして、冒頭で述べたように、「われ深き罪におこなはれ、愁鬱《しゅううつ》浅からず。速やかにこの功力《くりき》をもつて、かの科《とが》を救はんと思ふ莫太《ばくたい》の行業を、しかしながら三悪道《さんまくどう》になげこみ、その力をもつて、日本国の大魔縁となり、皇《すめらぎ》を取つて民となし、民を皇となさん」と、舌の先を喰い切って、流れる血で大乗経の奥に、誓文を書きつけて、海底に沈めたという。

また、『源平盛衰記《げんぺいじようすいき》』は、崇徳上皇の白峰への埋葬の様子を、次のように描いている。都から白峰山に上皇を葬るようにとの命令が下り、遺体を白峰山へ運んでいた途中、一天にわかにかき曇《くも》り、雷音鳴り渡り、激しい風雨となった。人びとが柩《ひつぎ》を石の上に降ろして雨の晴れるのを待っていたところ、なんと、柩のなかから血がこぼれ出て、石を真っ赤に染めたのだ。

こうして、崇徳上皇は魔界に去っていった。しかし、それは敗者の反撃のときの到来でもあった。

ほどなくして、京の疫病《えきびよう》の流行や貴族の病気や死は、崇徳上皇の怨霊のなせるわざだ、という風評が流れるようになった。このパターンは、菅原道真《すがわらのみちざね》が死後に怨霊となって天皇の病気や死、あるいは疫病の流行をもたらしたというのと、まったく同じであった。崇徳上皇の怨霊の活動に怖れをなした後白河上皇やその側近たちは、これを鎮《しず》めるために、讃岐院と称していた崇徳上皇に、崇徳院の名を贈ってその名誉回復と

讃岐に配流された崇徳上皇は，髪も切らず爪を切ることもせず，まるで魔王のようなすさまじい姿となっていった（歌川国芳 錦絵『百人一首之内 崇徳院』神奈川県立歴史博物館蔵）

鎮魂をはかった。生者の世界の「大天狗」も死者の世界の「大天狗」の力にはかなわなかったわけである。

こうした努力にもかかわらず、崇徳上皇の怨霊は鎮まらなかった。建久《けんきゅう》二年（一一九一）に、後白河上皇が病気にかかった。後白河上皇は、この病気を崇徳上皇の祟《たた》りだと信じた。そして、白峰陵のすぐ近くに頓証寺《とんしょうじ》を建て、崇徳上皇の霊を鎮めようとした。平氏もまた崇徳上皇の祟りを怖れ、白峰陵に平時忠らが鎮魂を祈願する参拝を行なっており、また清盛の死もその祟りのせいだ、とする噂が流れたほどである。

陰陽道から修験道への変移

こうして、崇徳上皇の怨霊は確実に人びとの心のなかに棲みつき、肥大していったのだ。そして、やがて、そうした怨霊と化した崇徳上皇のイメージは、魔界に棲む天狗たちの首領つまり大魔王として、定着していくことになるのである。

菅原道真の怨霊は、「鬼＝雷神」のイメージとして描かれた。しかし、それより時代の下がった崇徳上皇の怨霊は、「天狗」としてイメージされた。鬼信仰が衰退したわけではないが、それよりも恐ろしいものとして、天狗信仰が登場していたのが、この時代であったといっていいかもしれない。

そうした風潮を作り出していたのが、修験者《しゅげんじゃ》・山伏《やまぶし》であった。時代は鬼から天狗へ、ということは、平安時代の呪術師の中心勢力であった陰陽道の時代から、中世の呪術師の中心勢力であった修験者・山伏の時代へと移っていたことを物語っている。鬼がかつて占めていた異界領域のかなりの部分を、天狗が奪い取り、その位置に入り込んできたのだ。

『太平記』にみる怨霊天狗の暗躍

『太平記《たいへいき》』という書物は、後醍醐《ごだいご》天皇の北条高時《ほうじようたかとき》討伐計画に始まり、新田義貞《にったよしさだ》、楠木正成《くすのきまさしげ》、さらには足利尊氏《あしかがたかうじ》の活躍による北条武士政権の打倒、それに続く公家《くげ》政治の復興、足利尊氏の離反と公家政権との対立、抗争を経て、いわゆる南北朝時代へと移行するまでの、およそ五十年間の歴史を描いた戦記物語である。

『太平記』は小島法師《こじまほうし》が作者だという説がある。この小島法師は岡山県の児島に本拠を置く、熊野修験道の分流「児島五流修験道」に属する山伏だともいわれている。ようするに、山伏たちの見聞、伝聞などから再構成された物語が、『太平記』だというわけである。死後、怨霊となって朝廷、公家社会を脅《おびや》かし続けていた崇徳上皇は、この物語で、「天狗たちの首領」として人びとの前に姿を再び現わしたのである。

天狗評定（1）

貞和《じょうわ》五年（一三四九）六月二十日のことであった。東山《ひがしやま》の今熊野《いまぐまの》というところに宿をえていた羽黒山の山伏の雲景《うんけい》が、天龍寺見物に出かけたとき、町で知り合った六十歳ばかりの老山伏に、「天龍寺も立派だが、われわれの住む山こそ日本に並びない聖地である。ぜひ見物しなさい」と誘われ、愛宕山に案内される。

愛宕山の仏閣を見物して感心していると、老山伏はさらに「せっかくここまで来たのですから、この愛宕山の秘所もお見せしましょう」といって、雲景を、本堂の後にある座主の僧坊と思われる建物へ案内したのである。

「本堂の後」とは、「後戸《うしろど》（仏殿の須弥壇《しゅみだん》の後方にある戸）の空間」などともいわれ、「表」に対して「裏」、「光」に対して「闇」に対応する、「摩多羅神《またら》（天台宗で崇める常行三昧堂の守護神）」などの恐ろしい邪神や荒ぶる神、祟り神のたぐいが祀られる空間であった。そこに案内された雲景は、驚くべき光景を目撃する。

そこにはたくさんの人が座っていた。衣冠正しく金の笏《しゃく》を手に持っている人もあれば、高僧の姿をしている人もいる。大弓を持っている武士もいる。とりわけ目立つのは、高御座《たかみくら》に「大きな金色の鳶《とび》が翼をつくろって着座」している方であった。あまりに恐ろし気で不思議に思われたので、案内する老山伏に、「この集まりはなんなのですか」と尋ねたところ、山伏は次のように説明してくれたのである。

「上座の金の鳶の姿をしたお方こそ崇徳院であらせられる。そのそばの大男こそ源為義入道の八男八郎為朝である。左の座には代々の帝王、淡路の廃帝、井上皇后、後鳥羽院、後醍醐院、いずれも帝位につきながらも悲運の前世を送らざるをえなかったために、悪魔王の棟梁《とうりょう》になられた賢い帝たちであらせられる。次の座の高僧たちは、玄昉《げんぼう》、真済《しんぜい》、寛朝《かんちょう》、慈慧《じえ》、頼豪《らいごう》、仁海《にんがい》、尊雲《そんうん》たちで、やはり同じように大魔王となられて、ここにお集まりになり、天下を大乱に導くための評定《ひょうじょう》をしておられるのである」

この時、その場にいた長老の山伏が雲景の姿を認めて、「どちらからおいでになられた方だ」と尋ねた。案内人の山伏がそのわけを話したところ、その長老の山伏が、「それならば、近頃京の都でどんな事件が起きたかは御存知でしょうね」と尋ねた。

雲景が「四条河原の芝居（田楽）小屋が倒壊してたくさんの死傷者が出るという騒ぎがあり、このようなことは前代未聞《ぜんだいみもん》だ、これはきっと天狗の仕業に違いないと噂されております。また、足利将軍家で内紛が起きており、これがもし天下を乱す原因となったら大変だ、と人びとは心配しています」と話す。

雲景と長老の山伏とがそうした時勢をめぐる問答を繰り返していたとき、突然どこからか猛火が出現したので、座敷は大騒ぎとなった。参集者たちは、七転八倒《しちてんばっとう》の苦しみをしている。雲景があわてて門の外に逃げ出したと思ったとき、夢からさめたような心地になって、ふとあたりを見回すと、内裏が昔あったところの椋《むく》の木の下に立ちつくしている自分を発見したのであった。

雲景が見た「天狗評定」は、彼の夢だったのかもしれない。天狗に誘われて、愛宕山中をさ迷い歩いたときの神秘的体験だったのかもしれない。が、いずれにせよ、それは「神隠し」「天狗さらい」に相当するものであったといっていいだろう。しかも、注目すべきことに、『今昔物語集』に見えた、伊吹山の未熟な修行僧三修禅師を「天狗の偽来迎《にせらいごう》」でだましからかった「神隠し」の話とは大きく異なって、天狗は、雲景に「天狗評定」を見せるため、「天狗道」（魔界）へ案内したのである。

そこでの評定を目撃させることで、人間世界に起きている天変地異《てんぺんちい》や事故、足利家の内紛などの騒ぎが天狗の謀略であることを、人びとに伝えようとしていたのである。

しかも、そうした謀略を練る天狗たちは、平安末期の、天台の僧たちの修行を妨害しようとする仏敵としての天狗、どこか間の抜けた愚かな天狗たちとは異なっている。政争で敗れて怨みをいだきつつ世を去った天皇やその近親者、あるいはそれに巻き込まれて殺されたり、自死したりした武士や高僧たちの怨霊が天狗と化して、それが手を結び合って一団となって、時の支配者たちに挑戦し怨みを晴らそうとしているのである。いささか乱暴ないい方をすれば、この世に生じたあらゆる災厄はすべて魔界に棲む怨霊天狗の仕業とみなす、というのが『太平記』に見られる天狗観であるといっていいだろう。

その天狗たちの頂点に立っていたのが、崇徳院の怨霊であった。

雲景と時勢の論議をした長老の山伏が、実は愛宕山太郎坊であったというのも、興味深い。というのも、かつてこの山の頂点に立っていた太郎坊は末席に追いやられ、現世において社会的に身分の高かった者が、死後において天狗になったとき、やはり天狗道（魔界）の社会でも同じように、高い位置をしめているからである。この時代の天狗界は、世俗の世界＝人間界（とくに権力者たちの世界？）の陰画《ネガ》として描き出されているのだ。

天狗評定（2）

ところで、右に見た愛宕山での天狗の大集会に先立って、その先触れともいえる天狗の小集会が京都仁和寺《にんなじ》の六本杉で開かれていた。

嵯峨野《さがの》から京の町へと帰ろうとしていたある禅僧が、その様子を目撃する。仁和寺の近くに来たとき、夕立がやって来たので、六本杉の木陰で雨宿りをしていたところ、夜になってしまった。夜道は恐ろしいので、この寺の御堂《みどう》の脇で夜を明かそうと、本堂の縁に座って一心に経文を念じていたところ、愛宕山や比叡山の方から、御簾《みす》を垂らした輿《こし》に乗って、怪しい人たちが、次々に空から飛来し、この六本杉の枝の上に参集したのだ。

席が定まったかと見えると、上座には、先帝後醍醐天皇の外戚《がいせき》にあたる峯僧正春雅《みねのそうじょうしゅんが》が座っていた。その眼は日月のごとく光り渡り、鳶のごとく嘴《くちばし》がとがっていて、水晶の数珠《じゅず》を悠然《ゆうぜん》とつまぐっている。その左右の座には、南都興福寺《こうふくじ》の智教《ちきょう》上人と浄土寺《じょうどじ》の忠円《ちゅうえん》僧正が座っている。いずれも生前のときの姿とは異なり、尋常ならざる眼差しをし両脇からは長い翼が生えていた。

そうこうしているうちにまた一つ、一段と立派な輿が登場した。よく見ると大塔宮《おおとうのみや》護良《もりなが》親王であった。天狗たちは銀の銚子《ちょうし》に金の盃《さかずき》で酒を廻《まわ》して酒盛りをしていた。だが、その様子は少しも楽しそうではない。そのとき突然、下座《げざ》の方から、「わっ」と悲鳴があがったかと思うと、一同手足をバタつかせて苦しみもがいていたところ、やがて頭から黒煙が立ち上がって燃えだして、七転八倒しているうちに、みんな黒焦《くろこ》げになって焼け死んでしまった。

「なんと恐ろしい光景だ。天狗道の苦患《くげん》として、日に三度熱鉄の玉を呑《の》ませるというが、いまの光景はきっとそれなのだろう」と禅僧が思っていたところ、四時間ほどして、天狗たちはまた生き返って、何事もなかったように威儀《いぎ》を正して、評定を始めたのである。

峯僧正が「さて、どのようにして、この世の中に騒乱を生じさせたらよいものか」と切り出すと、忠円僧正が「まず足利尊氏の内室（妻）の腹を借りて、大塔宮が男子として生まれ出る。次に、尊氏の帰依《きえ》あつい禅僧夢窓国師《むそうこくし》に妙吉侍者《みょうきつじしゃ》という弟子がいるが、修行が足らないにもかかわらず慢心を起こしているのがつけ目で、彼の心のなかに峯僧正が入り込み、邪法を吹き込む。また、智教上人は上杉重能《うえすぎしげよし》や畠山直宗《はたけやまただむね》の邪心に取《と》り憑《つ》いて、高師直《こうのもろなお》・師泰《もろやす》の兄弟を滅亡させる。そうすれば、主従の礼に背くことになり、天下にはまた大きな合戦が起こるだろう」と提案する。これを聞いた大塔宮をはじめ我慢《がまん》・邪慢《じゃまん》の小天狗たちも、「それはいい計略だ」と大いに喜んでいるうちに、その姿が幻のごとく消え去ったという。

これでおわかりになったかと思うが、愛宕山の天狗大集会で、天狗たちが火煙のなかで七転八倒の苦しみをはじめたのは、この六本杉の集会の天狗たちと同様の、日に三度という天狗道の苦しみ、つまり集会に先立っての儀礼のごとく熱鉄の玉を呑んで死ぬための酒盛りの結果生じた騒ぎだったのだ。

上述の羽黒山の山伏は、それに驚いて、その場から逃げ出してしまったために目撃することができなかったが、おそらく参集者たちが七転八倒の苦しみをした後、蘇生《そせい》した崇徳院天狗をはじめとする全国から動員された大天狗たちによって、天下を大乱に導くための評定が、本格的に開始されたことであろう。

天狗の内裏に行き着いた牛若丸

これまで紹介してきた話から、中世の天狗のイメージがかなりはっきりと浮かびあがってきたといっていいだろう。天狗道＝天狗界は、大魔界とみなされるようになっていたのだ。そこは、この世＝人間界の身分秩序がかなり色濃く投影された社会構成になっていて、人間界での王者が、この天狗界でも王者になっていた。天狗界にやってくる人間は、人間界に怨みを残して死んだ者である。そして、その怨みを晴らすために、しきりに天下騒乱の計略を練っている。その計略が実現したのが、歴史上の災厄・騒乱だと、当時の人びとは、というか『太平記』の作者たちはみなしていたのである。

この時代の天狗のイメージも鳶つまり鳥類天狗のイメージを基調として造形されているが、人間であった者の怨霊が天狗となるとの考えが優勢になったこともあって、個々の姿に鳶のイメージを結合させた、より人間的な天狗に変質しているかに見える。人間起源の怨霊天狗が天狗界の上層部を占めることになったため、平安時代から愛宕山などに棲んでいた天狗たちはその配下へ、末席へと押しやられてしまった感が強く、そうした天狗たちが山伏のイメージで描かれている。

天狗信仰を広めたのは、こうした山伏たちであったのだ。つまり、羽黒山の山伏雲景と、彼を案内した老山伏や長老の山伏愛宕山の太郎坊天狗とは、オーバーラップしており、互いに分身のような関係に立っていて、そんな山伏=天狗が、天下を乱す大天狗たちを創出し、それを幻視し、人びとに流布させたといっていいだろう。

そこで、こうした中世的天狗観を承知しておくと、とてもよくわかるのが、中世も後期に入った室町時代に制作されたと考えられる、御伽草子《おとぎぞうし》『天狗の内裏』と題された物語であろう。いわゆる判官物《ほうがんもの》の一つで、有名な鞍馬寺《くらまでら》で修行をしていた牛若丸《うしわかまる》が、鞍馬山の奥にある、天狗の国を訪問するというのが、そのおよその内容である。

以下で、この物語をもう少し詳しく見てみることにしよう。

牛若丸と天狗

判官殿（牛若丸）は、七歳で鞍馬の寺に入り、十三歳になる今日まで、学問修行を行なっていたが、先祖の八幡太郎《はちまんたろう》源義家が十五の歳に初陣《ういじん》して天下に名をあげたことを思い、十五歳になったら門出しよう、とひそかに思っていた。聞けば、この山には、〝天狗の内裏〟と申すところがあるというが、あちらこちらの山の中を探してみても、みつからない。天狗はもとより神変自在《しんぺんじざい》の者であったので、その内裏はいっこうにみつからなかったのだが、鞍馬寺の本尊毘沙門天《びしゃもんてん》に祈って天狗の内裏に案内してもらうことにする。

夜もふけ、牛若丸が少しまどろんだところ、老僧が示現《じげん》し、「夜が明けたとき、御坂口で待ちなさい」と教える。夢を介してのお告げである。牛若丸は大いに喜び、御坂口で待っていると、毘沙門天が法師の姿となって示現し、「牛若丸よ、天狗の内裏に行きたければ、山奥に分け入り、五色の築地《ついじ》をみつけたら、白き築地を左手に、赤き築地を右手にして、青き築地、黒き築地、黄なる築地を、三界無安の塵《ちり》と定めて、ただ一どうに踏み鳴らして行けば、必ず内裏に行き着くだろう」と教える。

どういう仕草なのかよくわからないが、「五色の築地」とあるのをみると、陰陽《おんよう》五行説の思想が見えかくれしているのが理解できるだろう。

牛若丸は教えの通りに行くと、天狗の内裏の東門にたどりつく。その「内裏」がどんなものであったのか、私たちも大いに興味をそそられる。物語は、これを次のように表現している。

まず外観であるが、「外の築地を御覧ずるに、石の築地を八十余丈に築き上げて、石の大門を建て、それより内には、銀《しろがね》の築地を六十余丈に築き上げて、鉄の門を建て、それより内には銀の築地を四十余丈に築き、銀の門には夕日を出し立て給ふ。それより内には金《こがね》の築地を三十余丈に築かせ、金の門には朝日を出し立て給ふ。白州《しらす》には銀の砂《いさご》を敷きたり」というものであった。石から鉄、鉄から銀、銀から金へと内部へ入って行くにつれて、築地つまり垣根の素材が高級になっていくわけで、月並みといえば月並みな表現だが、当時の民衆の価値観がよく伝わってくるともいえる。

では屋形の様子はどうだったのか。「七宝《しっぽう》を展《の》べたる如くにて、音に聞こえし極楽世界といふとも、これには勝《まさ》らじとぞ見侍《はべ》る」と書かれているだけで、具体的にはなにも記述されていない。ということは、下界の帝の住む「内裏」の様子も、きっと作者はよくわからなかったのであろう。もっとも、屋形のなかには、「納言《なごん》、宰相《さいしょう》以下、北面《ほくめん》の者どもが、衣冠《いかん》気高く引きつくろ」っていた、とあるので、それとなく内裏らしい雰囲気を感じさせもする。

さて、紫宸殿《ししんでん》にいる大天狗（おそらくその名は鞍馬山僧正坊）に会うことができた牛若丸は、大天狗から大歓迎を受けることになる。愛宕山の太郎坊、比良山の次郎坊、高野山の三郎坊、那智山の四郎坊、彦山の豊前坊《ぶぜんぼう》たち五人の天狗、さらには天竺《てんじく》の日輪坊《にちりん》、大唐のほうこう坊の二人の異国の天狗まで、この山に参集して来て、牛若丸をもてなすのであった。

大天狗たちのもてなしを受けていると、そこに鞍馬の大天狗の美しい奥方がやってきて、あいさつかたがた、身上話をする。奥方が語るには、もとは人間界に生まれた者で、甲斐《かい》の国の二橋というところの〝こきん長者〟の一人娘の〝きぬひき姫〟といったが、十七歳の春の頃、春山遊びに出たとき、突然「神風ざつと吹き来り、そのまま天狗に誘はれ」、この内裏に住むことになった、という。しかも、なんと、年月を数えると、「七千年あまり」になるというのだ。ここは不老不死《ふろうふし》の世界なのである。

この妻は、さらに牛若丸に「夫の大天狗は、地獄や九品《くほん》の浄土へも毎日飛行しており、牛若丸の父君源義朝は、九品の浄土の大日如来《だいにちにょらい》と生まれ変わっている」と教える。こうして、牛若丸は、大天狗に案内され、さらに地獄《じごく》巡りをしつつ、九品の浄土に渡って、父に会い、八面大王《はちめんだいおう》という鬼の大将の所持する四十二巻の虎の巻物を持ち帰り、奥州の藤原秀衡《ふじわらのひでひら》五十万騎を率いて、都に上るべし、といった未来の行動の指針を得て、日本へ、鞍馬山の宿所へと立ち帰ってくるのである。

民間信仰に浸透していく天狗

この物語のなかに登場する天狗の姿かたちがよくわからないのが残念であるが、しかし、天狗たちの棲む山が修験道の道場のある山だということから判断して、山伏の色彩を強くもった天狗らしいことがわかる。また、大天狗の居城は、もう一つの「内裏」であって、これは明らかに、京の都に住む帝の「内裏」の陰画《ネガ》である。しかし、『太平記』に見られたような、その天狗の首領としての崇徳院以下の怨霊天狗の姿を消し去ってしまっているのである。むしろ、その居城は〝鬼《おに》が城《じよう》〟とオーバーラップするところが多く、天狗と鬼の類似性の方がずっと目立っている。

平安時代の天狗は仏敵《ぶつてき》であり、天狗がさらうのは修行の足らない僧であった。そして、天狗は陰陽師の説く鬼に対置される存在として想像されたのであったが、この時代になると、置き換えさえ可能なほどになっていたのである。

それゆえに、鬼と同様に、美しい姫をさらって、自分の妻にしたりもしていたのである。大江山の酒呑童子とそれほど変わらないのだ。

もっとも、天狗がさらった人間を食用にしたという話はついぞ聞いたことがないので、両者の決定的な差異は、食人性の有無という点に求められるのかもしれない。この時代あたりから、天狗は怨霊思想からも抜け出して、民衆の生活のなかに、民間信仰のなかへと浸透し、今日なお地方で聞くことのできる天狗のイメージに近づくことになったといえよう。

いまなお続く崇徳上皇の怨念

中世も後期に入ると、次第に天狗から怨霊の要素が消え去っていった。それにともなって、山伏のイメージが前面に出てきた。

では、そうした風潮のなかで、崇徳上皇の怨霊はどうなったのだろうか。

たしかに崇徳上皇の怨霊は、京の都の歴史の表舞台の背後で暗躍することはなくなったかに見える。というのは、朝廷は権力を武士に奪われて、京の小さな内裏のなかに閉じ込められてしまったからだ。しかし、人びとの心のなかにはなお、その強烈なイメージが残っていたのである。

江戸時代の著名な怪異小説作家の上田《うえだ》秋成《あきなり》（国学者、歌人、読本作者。享保十九年〈一七三四〉―文化六年〈一八〇九〉）は、『雨月物語《うげつものがたり》』の冒頭の作品を、この崇徳上皇の怨霊に素材を求めた「白峰」で飾っている。

この物語は、遊行する西行《さいぎょう》が、讃岐の白峰陵を訪れたとき、その前に崇徳上皇の亡霊が立ち現われ、怨みの念を切々と西行に語るという、能《のう》仕立ての構成になっている。

崇徳上皇は西行に語る。平治の乱を起こしたのはわたしの怨念だ。これによって、わたしに弓を引いた源義朝、信西入道を殺した。また、応保《おうほう》(元年)の夏には、美福門院の命を奪った。さらに、長寛《ちょうかん》(二年)の春には、藤原忠通《ただみち》(藤原忠実の長男で、頼長の兄にあたり、鳥羽上皇側に立って、忠実、頼長と対立した)の命を奪った。しかし、なお怒りの念はおさまらず、「終《つい》に大魔王となりて、三百余類の巨魁《かみ》となる。朕《わ》が眷族《けんぞく》のなすところ、人の福《さいわい》を見ては転《うつ》して禍《わざわい》とし、世の治るを見ては乱を発《おこ》さしむ」その姿は、「御衣は柿色のいたうすすびたるに、手足の爪は獣のごとく生《お》ひのびて、さながら魔王の形、あさましくもおそろし」というもので、「鳶のごとくの化鳥《けちょう》」を従えていた。

崇徳上皇は白峰陵で、じっと自らの出番を待っている、と考えられていたのだ。「皇《すめらぎ》を取つて民となし、民を皇となさん」と、時の来るのを、天皇が再び政治の表舞台に登場してくるときを待っている、と。皇族が天下を治めていないかぎりは、その霊力を発現させるには至らない。というのは、崇徳上皇の敵は、朝廷であったからである。後醍醐天皇による王政復古《おうせいふっこ》のとき、彼の怨霊は金色の鳶の姿をした大天狗たちの首領として出現した。

孝明、明治の両天皇は、王政復古のときがやってきて、まず思い浮かべて恐怖したのは、この崇徳上皇の怨霊の発現であり、その政道への妨害であった。

それを封じるために、崇徳上皇の霊を京に招いて、神に祀りあげようとしたわけである。そのために、「白峰神宮」が新たに創建されることになったのである。

ひょっとしたら、西南《せいなん》の役《えき》、日清・日露の戦争、そして昭和の十五年戦争もまた、崇徳上皇の祟りであったのかもしれない。とするならば、将来、もし再び天皇が政治の表舞台に登場することがあれば、崇徳上皇の祟りが再度発現し、天下は騒乱につつまれることになるであろう。

第五章　鬼女　紅葉

鬼伝説から創作された『鬼女紅葉』

日本の妖怪の最大勢力は「鬼」である。鬼の勢力範囲は広く、かつ歴史も長い。鬼というと、大江山の酒呑童子がそうだったように、筋骨たくましい褌《ふんどし》姿の男の鬼を思い浮かべるが、鬼には男女の区別があって、しかも女の鬼つまり鬼女《きじょ》のなかには、男の鬼に劣らない活躍をした者もいた。

信州の戸隠山に棲んでいたという鬼女紅葉《もみじ》も、そんな鬼の一人であった。戸隠山は、修験道の道場として栄えた聖なる山であったが、同時に、鬼が棲む山としても古くから知られていた。いや「棲む」という表現は正しくない。幾人もの鬼が棲みついては退治されてきた、というべきであろう。そうした鬼たちのなかで、とくに紅葉という名の鬼女の物語が広く人びとの心に残り、今日まで語り伝えられている。

鬼女紅葉の伝承の舞台となった戸隠山麓《さんろく》の村々を歩いてみると、紅葉の死体を焼いて埋め、のちに祟《たた》りをなさないように祀《まつ》ったという「鬼の塚」（五輪塔）があったり、紅葉が棲んでいたとされる「鬼の岩屋」があったりして、紅葉伝説が、いかにこの地方の人びとに愛されているかがわかる。

しかし、紅葉という名の鬼女が史上に登場してくるのは、比較的新しく、近世に入ってからのことである。

しかも、今日流布している鬼女紅葉伝説の種本は、意外にも、明治十九年（一八八六）に刊行された『北向山霊験記《きたむきやまれいげんき》・戸隠山鬼女紅葉退治之伝《とがくしやまきじょもみじたいじのでん》』（信州上田の別所温泉にある常楽寺の住職・半田義逢師の著とされている）という、伝説に素材を求めて作られた小説であった。

もっとも明治に入って創作された小説だからといって、がっかりすることはない。これまで紹介してきた「酒呑童子」の物語も「玉藻前」の物語も、時代こそ中世と古いが、つまるところフィクションであり、小説といっても誤りではないからである。大事なことは、当時、こうした「小説」を作る必要を感じた人がおり、また、それを読んだり聞いたりすることでなにかを得た人たちがいたということである。そして、

『北向山霊験記』の物語は、たしかに人びとの心をつかみ、それがために古くからの伝説かのように広く流布することになったのだ。とにかく、この物語の内容をざっと見てみよう。

第六天の魔王の申し子・紅葉

鬼女紅葉は、承平《じょうへい》七年（九三七）の秋、有名な「応天門《おうてんもん》の変《へん》」の首謀者として流された伴大納言善男《ばんだいなごんよしお》の子孫にあたる会津に住む伴笹丸《ばんささまる》とその妻菊世《きくよ》が、子がないことを悲しみ、「第六天の魔王」に祈願した結果、この世に生を受けた。「第六天の魔王」とは、正しくは「他化自在天《たけじざいてん》」といい、仏教で説く六つの欲望の世界の第六の世界の王で、人間の欲望を支配する恐ろしい外道の神とされていた。

日本の仏教の総本山ともいうべき比叡山を焼き打ちにするという当時の人びとの度《ど》肝《ぎも》を抜くような行動にでた織田信長は、自らこの第六天の魔王の申し子と称したというが、紅葉もまたこの第六天の魔王の申し子であったのだ。物語は、紅葉を第六天の魔王の申し子とすることで、紅葉の将来を暗示させているのである。

女の子を得た笹丸・菊世の夫婦は、呉葉《くれは》という名をつけて、この子を貧しいながも大事に育て、やがて、才色兼備《さいしょくけんび》の近郊近在で大評判の娘に成長する。

呉葉が十五、六歳になったとき、呉葉は鬼の性格を発揮しだす。

犠牲者は近くの豪家《ごうか》河瀬源右衛門一家であった。源右衛門の一人息子源吉が呉葉の美しさに魅せられて恋わずらいをして、日に日にやせ衰えていったのだ。さらに、こんな噂も流れた。呉葉が源吉を見初めて恋文を送ったが、家格が違うからと無視された。源吉を恨《うら》んだ呉葉が、夜昼かけて「呪《のろ》い調伏《ちょうぶく》」した、と。

いずれにせよ、呉葉を嫁にせねばなおりそうもない源吉の病に、源右衛門は使いを出して、源吉の嫁として呉葉を迎えたいと申し出る。

しかし、父の笹丸は大きな野望を持っていた。呉葉を連れて京に上り、位の高い貴族のところへ嫁入りさせて、自分も出世を遂げよう、という望みである。

そのために、笹丸は返事を渋った。

だが、使いの者は、笹丸に借金があることまで持ち出して迫るため、困り果てていたところ、これを聞いた呉葉が、奇怪な提案をした。妖術で祈り出した自分の分身を源吉の嫁として送り出す、というのだ。そして、支度金を巻き上げて京の都を目指して逃げ出したのであった。もちろん、源吉のもとへ嫁入りした呉葉の分身もまた、ほどなくして消え失せてしまう。

京に上った笹丸一家は、笹丸は「伍助《ごすけ》」、菊世は「花田」、そして呉葉は「紅葉」と名を改めて、髪道具などを売る商いを始めた。もちろん狙いは紅葉の美貌《びぼう》、才覚を売るための商いであった。紅葉の名が知れ渡り、高位の貴族が嫁に所望してくれるのを待っていたのだ。紅葉も、それを願って芸事にいそしんでいた。

天暦《てんりやく》七年(九五三)の六月のことであった。源 経基《みなもとのつねもと》の御台所《みだいどころ》(正夫人)が四条河原に夕涼みに出かけたおりに、伍助の店の奥から聞こえる妙《たえ》なる琴《こと》の音色に耳をとめ、店に立ち寄って、紅葉の琴を一曲所望することになった。

紅葉が、これはよい機会と、第六天を念じつつ秘術をつくして弾いたところ、御台所の興を大いに買い、後日、御台所のもとに奉公するように、との求めがやってくる。

笹丸一家は渡りに船とこれを引き受ける。紅葉は「あやしき術をとなへたれば、御台の御こころを察し」、一生懸命に奉公していた。そのうちに、その美貌、才覚が主人の経基の目にも入り、琴を一曲所望したことが契機となって、やがて経基の寵愛を一身に受けることになる。もちろん、ここでも邪術を用いて、経基の歓心を買おうとしたのだ。

玉藻前との違い

ところで、紅葉がその美貌、才覚を生かして、徐々に経基に近づいていくという過程は、すでに前の章で紹介した「玉藻前」によく似ている。きっと、紅葉の物語も、この物語を真似たのだろう。

しかしながら、この物語の次の展開は、「玉藻前」とははっきり異なっている。玉藻前は、直接寵愛してくれる鳥羽院を呪詛《じゅそ》（取《と》り憑《つ》いたといってもいい）したらしく、鳥羽院を重病にするのだが、子種を宿した紅葉は、経基ではなく、正室の御台所を呪詛して、正室の地位を手に入れようとする。

「紅葉は局《つぼね》の奥深く、人目をしのびて、壇《だん》を設け、怪しき術を行なひて、御台を調伏なしければ、御台は風の心地して打ち伏せ給ひ……」ということになる。

正室は医師を召して治療をしたが少しもよくならず、日に日に重くなっていく。夜中の丑三《うしみ》つ時《どき》になると、鬼の姿をした者たちがどこからともなく現われて、正室を苦しめていたのだ。

紅葉は邪術を用いて経基の歓心を買ういっぽう，正室の御台所を呪詛してその地位を手に入れようとする。鬼の姿となり現われる紅葉（『伝説鬼女紅葉絵巻』鬼無里ふるさと資料館蔵）

しかし、紅葉の大陰謀はついに見破られてしまう。正室の侍女の深見が側用人《そばようにん》の三谷隼人に、比叡山の大行満の律師《りっし》のところに行って、病平癒《へいゆ》の祈禱《きとう》とともに、病気の吉凶を占ってほしいと頼む。

この三谷が妻の弟の浅田に事情を話し、代理として比叡山に行くようにと頼んでいるのを小耳にはさんだ妻が、奇怪なものを見た、と告げる。

「所用あって紅葉の局へ立ち寄ったところ、局の下女が、主人の紅葉は御台所様のそばで昼夜にわたって看病していて不在だというのに、局の奥で怪《あや》しい物音がしたのです。下女と私は、盗人が入ったかとそっと奥をのぞいてみると、白い上衣を着た紅葉が何やら祈りをしていました。紅葉の体は二つあるのでしょうか。まことに奇妙なことです」

比叡山の律師を訪ねた弟は、ことの子細をくわしく物語り、病全快の祈禱をしてもらう。

律師は弟に、「紅葉はたいへんな曲者《くせもの》で、姿は花のように美しいが、心は鬼である。経基公の寵愛を得たことに乗じて、御台所様を害し、自分が御台所になろう、との邪悪な企みをいだいて邪術を行なっている」と告げる。

ことの真相を知った三谷は、配下の者を引きつれて正室の寝所におもむき、そばにいる紅葉を召し捕らえようとすると、かき消すように姿が消えてしまった。一方、弟の浅田の方は、紅葉の局のところにおもむいて、配下の者を引き連れて来た、と声高に告げると、こちらの方の紅葉は、いともあっさりと召し捕らえられてしまうのであった。

これには、私たちもいささか拍子抜けしてしまう。悪事が露見した紅葉が恐ろしい形相《ぎょうそう》の鬼となって、その場から逃げ去っていくというのが、中世的な物語の展開だからである。そして、それに従えば、逃げたところが戸隠山であったということになるはずであった。

しかし、この物語では紅葉は捕らえられて、戸隠山の奥へと追放されるのである。これは、鬼の棲み家に鬼を帰したも同然の処置である。戸隠山にたてこもった紅葉は、そこでじっくり鬼の本性を現わしていくことになるのである。

激闘、戸隠山

こうして、物語は、舞台を京から戸隠山へと移すことになる。この物語によれば、紅葉たちが戸隠山に入ったのは、天暦十年（九五六）のことであった。

ところで、紅葉は、すでに書いたように、経基の子を宿していた。そこで、これにことよせて、紅葉は「私は源経基公の寵愛を受け、子まで宿したが、これに嫉妬《しっと》した御台所が、無実の罪を私に負わせた。このためにこの山奥に捨てられてしまったのだ」と、麓《ふもと》の村びとに説き回って、村びとの同情を乞い、また、病人の頭に扇を載せ秘文《ひもん》を唱えて、病をなおしてやったりしたことから、占《うらな》いや加持祈禱《かじきとう》が上手な「生き神様」との評判を獲得するまでになる。そして、信者たちの力を借り、岩屋の住居も立派なものになっていったのであった。そんな生活を送るうちに、紅葉はやがて男の子を産み、経若丸《つねわかまる》と名づけた。

紅葉は、父母と経若丸とともに、なにひとつ不自由なく幸せに暮らしていた。にもかかわらず、紅葉の心に悪心が頭をもたげてきたのだ。「ことに足るものを足らずとなして」男姿に身をやつし、夜な夜な麓に忍び出て、十里も二十里も離れた富家に忍び込んでは、たくさんの金銀財宝を盗み出すようになったのである。

その頃、黒姫山や草津の山の奥に居を構える盗賊《とうぞく》の一団があった。平将門《たいらのまさかど》の家臣の末孫にあたるという鬼武《おにたけ》、熊武《くまたけ》、鷲王《わしおう》、伊賀瀬《いがせ》の四人を首領とする盗賊団で、鬼武がその兄貴分であった。「同気相求むる」というように、盗人は盗人を誘い招く。紅葉の噂をどこからか聞きつけた鬼武たちが、紅葉の岩屋を訪ねてきた。

岩屋に入った鬼武たちは、盗賊紅葉が、官女姿の美女であって、しかも父母と子と一緒に生活しているのに驚き、「われわれの手下になるか、さもなくばこの家を明け渡し、どこへとも去れ」と迫った。

これに怒った紅葉が秘文を唱えると、山鳴りがしたかと思うと、一天にわかにかき曇り、雹《ひょう》が天から降り注ぎ、そのなかには火の玉さえも混じっていた。そして、岩屋の中には、黒煙がたち込めたかと思うと、鬼武たちは手足がしびれてその場に倒れ伏してしまう。紅葉の幻術に惑わされたのである。こうして鬼武たちの盗賊団は紅葉の手下になる。

紅葉は奪い取ってきた金銀を、「表に仁義をかざしつつ、貧しき者にはをりをりに施しをも為し」たというから、義賊を気取っていたらしい。

とはいうものの、そんな仁義も束の間のことであった。悪性《あくしょう》はますます現われて、人を殺して、その生血をすするのを楽しみとするようになっていった。

ほぼ同じ頃、ただ一人、紅葉の悪行をいさめ続けてきた父の伍助も亡くなってしまう。紅葉のふるまいを見た手下たちも、村里から若い女を誘拐《ゆうかい》し、酒色にふけり、そむく者は殺して生き血を取って酒となし、肉をあぶって食べるようになった。ついに、紅葉一党は食人鬼《しょくじんき》になったのだ。

こうなると、麓の村びとたちにも正体が知れ渡ることになり、人びとは「戸隠山の岩屋の紅葉は鬼神ぞ」と噂しあい、怖れあった。

鬼女退治の勅命

噂は信濃の守護の耳にも入り、その使いが京に送られて、時の帝冷泉《れいぜい》天皇にことの子細が奏上されることになった。

勅定《ちょくじょう》があって、公家たちが詮議《せんぎ》の末、平維茂《たいらのこれもち》に鬼女紅葉という山賊《さんぞく》退治の勅命が下る。安和《あんな》二年（九六九）七月のことであった。

平維茂が紅葉退治のために信濃に出向した、という情報をキャッチした紅葉たちは、館の四方に堀を深く切り、二重三重に柵を立てて、迎え撃つ準備にとりかかっこの様子を見た母の花田は、孫の経若丸に「討手に敗れたときは、逃げ迷わずに、母とともに討ち死にせよ」と言い残し、喉《のど》を突いて自死して果てる。

維茂の紅葉討伐軍は、譜代の家臣である金剛政景《まさかげ》・金剛政秀・成田長国《ながくに》・真菰《まこも》家忠・河野勝永など、総勢百五十余騎で構成されていた。信濃国の中央部の出浦（塩《しお》田《た》）の郷にある守護の館に入った討伐軍は、地理に明るい地元の者を、物見に出す。物見が戻って報告するには、紅葉たちは討伐軍を迎え撃とうとしているという。

これを聞いて怒った維茂は、河野勝永と真菰家忠を大将として、戸隠山を攻めさせる。しかし、この攻撃は失敗に終わる。待ち伏せをくらい、幻術に惑わされてしまったのだ。

河野・真菰が敗れて麓に退いたとの知らせを受けた維茂は、金剛政景と成田長国の両将にも出陣の命を下す。

戸隠山の麓で合流したとき、成田長国は、中国の故事を引いて、紅葉の幻術を破るには、武器に糞など不浄なものを塗りつけて切り込めばいい、と教える。そんなおまじない程度のことで大丈夫かと思えるのだが、この物語作者はかなりまじめにそれを説いているのである。

四人の武将は作戦を練り、待ち伏せを受けたところを避け、道なき道を踏み分け、沢を経めぐって、紅葉の本陣へ討ち入ろうということになる。首尾よく紅葉の本陣に至り、戦勝の祝の宴を張っているところに乱入することができ、これで勝利かと思われたのだが、「山谷たちまち鳴り出して、暴風吹くと同時にて、一天する墨《すみ》を流すがごとく、氷丸、火玉降り下れば」、さしもの官軍も、またもや敗走せざるをえなくなった。

ようするに、不浄を塗った程度のおまじないでは、紅葉の強力な幻術を打ち破ることはできなかったのだ。

北向観音への戦勝祈願

これを聞いた維茂は、紅葉を討つには武力だけではだめだと悟り、神仏の力を借りる必要があると考え、出浦の里にあった天台の名刹《めいさつ》（常楽寺）の北向観音《きたむきかんのん》に戦勝を祈願することにした。七日間、北向観音に参籠《さんろう》して満願の日、白髪の老僧が夢に現われ、維茂を白い雲の上に乗せて、戸隠山の紅葉の巣窟《そうくつ》の内外を隈《くま》なく眺め渡せるように、案内してくれたのである。そして「これぞ降魔《ごうま》の剣なり」と四、五寸ほどの剣を維茂に渡したところで、夢がさめる。夢さめても、維茂の手には、夢中で渡された降魔の剣が握られていた。

維茂は、全軍を率いて、自ら戸隠山に出陣する。

一の木戸、二の木戸を打ち破り、維茂軍はどんどん紅葉の本陣へと進んでいく。紅葉は護摩壇《ごまだん》に登って幻術をかけようとするが、灯明の火がつけてもつけても消えることから、不吉のしるしと驚き怖れる。

鬼武が早く幻術をかけてくれ、とかけ込んで来る。しかし、紅葉の身体は冷えきって祈りをするどころではなかった。

やがて、維茂ら主従二十余騎が踏み込んできた。維茂軍は降魔の小剣を矢の根とした白羽の矢を、紅葉めがけて射放った。矢は紅葉の肩に突き刺さった。本性を現わした紅葉は、巨大な鬼神となり、空中に舞い上がり、口から火焔《かえん》を吐き出し、眼光をらんらんと輝かせて維茂をにらみつけた。

が、そのとき、天から金色の光がさっとさし込み、鬼女の頭に触れた。これにたまりかねた鬼神が、どうと地上に落ちてきたところを、武将たちに体を刀で刺し通され、維茂がその首を切り落としたのであった。

こうして、戸隠山の鬼女紅葉はついに退治されたのである。

鬼女紅葉伝説のもとはなにか?

長々と紹介してきたが、以上が『北向山霊験記・戸隠山鬼女紅葉退治之伝』の内容である。

一読してわかるように、鬼女紅葉が維茂たちに討たれる場面は、あきらかに「酒呑童子」の物語の影響を受けている。

思うに、この物語作者は、戸隠山麓に伝わる鬼女紅葉やその他の鬼伝説を素材にした、北向観音の霊験を説く物語を作りあげようとした。そのとき、「酒呑童子」や「玉藻前」の物語を想い浮かべ、それらを参考にしつつ、物語を練りあげたのだろう。

では、作者が物語を構想するに至った契機になったと思われる、地元の鬼女紅葉伝説とはどんな伝説だったのだろうか。

残念ながら、その伝説が満足な形で伝えられていないのだ。しかし、先行する鬼女紅葉伝説があったことはたしかである。

享保《きようほう》九年（一七二四）に作られた『信府統記《しんぷとうき》』という書物に、「平維茂が越後（新潟）の守護だった時、信濃国戸隠山に鬼神が棲んでいて、人民を悩ましているというのを聞きつけ、狩りにことよせて山に入り、この鬼神を退治したが、十七ヵ所も傷を負ったために、小県郡《ちいさがたぐん》の別所温泉で養生したが、そのかいもなく、その地で果てた。このために別所温泉には彼の墓があり、また別所の北向観音は彼の守り本尊を安置したものである。その鬼は紅葉という鬼であったといっている」といったことが書き記されているからである。

この書物が、紅葉という名の鬼女が戸隠山にいたという伝説を書きとめた、いまのところもっとも古い記録であるらしい。

語り続けられた戸隠の鬼伝承

戸隠山には、鬼女紅葉以前にも幾人かの鬼が棲みついていた形跡がある。そうした連綿と続く鬼伝承の発生と衰退の歴史のなかから、鬼女紅葉の物語も生まれてきたのであった。

神仏の加護を受けた平維茂軍に攻め込まれ，幻術がきかず追い詰められた紅葉（『伝説鬼女紅葉絵巻』鬼無里ふるさと資料館蔵）

戸隠山は学問行者によって開かれた修験道の聖地で、その地主神とされているのが奥社《おくしや》に祀られている九頭龍権現《くずりゆうごんげん》である。十五世紀に書き写された『戸隠山顕光寺流記《とがくしさんけんこうじるき》』という記録に見える開山伝説によれば、嘉祥《かしよう》二年（八四九）のころ、学問行者とよばれる修験僧が、戸隠山の近くの飯綱《いいづな》山で修行していたとき、投げた独鈷《とつこ》が飛んでいった先を尋ねると、大きな石窟《せつくつ》があった。行者がそこで法華経を誦《ず》していると、その夜、南方から生臭い風とともに九頭一尾の大きな龍が出現し、「私はかつてこの山にあった寺の僧（別当）でした。邪悪な心を起こしたために龍になってしまいましたが、あなた様のありがたい法華経を聴聞することができたために、私もこれでやっと成仏できます」といって石窟のなかに身を隠した。そこで行者は、その入口を大きな岩で封じた。石窟の入口に岩戸を立てて隠したので、それで戸隠というのだ、と語られている。

この『流記』よりも二百年ほど以前に書かれたという『諸寺略記』の戸隠山の条《くだり》にも、ほとんど同じ内容の伝説が記されている。ところが、まことに興味深いことに、『諸寺略記』の記事では、「九頭一尾の龍」ではなく、「九頭一尾の鬼」が学問行者のもとに現われた、と記されているのである。

この『諸寺略記』の記事が、戸隠山の開山に関するもっとも古い記事である。とすると、意外にも、戸隠山の奥社は、もとは「鬼」を封じ込めて祀ったところだった、ということになる。九頭龍権現が、もと鬼だとする伝承があったとわかれば、その後、戸隠山には鬼が棲むという伝承が連綿として語り続けられてきたのも、なんとなくうなずける気がしてくる。

南北朝時代の動乱を描いた『太平記』には、源頼光《みなもとのよりみつ》の父にあたる多田庄の源満仲《みつなか》が、源氏に伝わる宝刀で戸隠山の鬼を切ったために、その宝刀を「鬼切」と名づけるようになった、という話が見えている。もっとも、満仲に退治された鬼がいかなる名前の鬼であったのかは不明である。また、室町時代に作られた『神道集《しんとうしゆう》』という書物には、「官那羅《かんなら》」という戸隠山の鬼が、帝の寵愛する姫を誘拐していったために、「満《まん》清将軍《せい》」が勅命によって官那羅を退治したという伝説が載っている。どうやら、この鬼は男の鬼であったらしい。

大江山に棲みついて源頼光に退治された酒呑童子も、第一章で紹介したように、越後の国上寺に伝わる伝説によれば、しばしの間、戸隠山に棲んでいたということになっている。このことからも、戸隠山には、幾人もの鬼が棲みついては退治されたらしいことがはっきりわかるだろう。

『紅葉狩』

ところで、戸隠山の鬼として、もっとも広く人びとの間に流布しているのは、『北向山霊験記』の物語ではなく、観世小次郎信光《かんぜこじろうのぶみつ》の作とされる謡曲『紅葉狩《もみじがり》』の話である。

話はきわめて単純で、貴女《きじょ》が数人の侍女とともに戸隠山へ紅葉狩りにやってきて、酒宴をしているところに、『北向山霊験記』の主人公でもある平維茂が、従者を連れて通りかかる。貴女たちが維茂を酒宴に誘う。断りかねて、維茂が盃《さかずき》を交わすうちに酔いつぶれてしまう。これを見届けた女は山中に姿を消す。すると男山八幡《おとこやま》（京都の石清水《いわしみず》八幡）の末社《まつしゃ》の神が維茂の夢に現われて女が鬼であることを告げ、神剣を授ける。驚いて目をさますと、稲妻・雷鳴とともに、鬼が現われて維茂に襲いかかってくる。しかし、維茂は少しも騒がず、授かった神剣で鬼を斬《き》り伏せてしまう、というものである。

この『紅葉狩』に登場する鬼は、貴女に化けて維茂の前に現われるが、女の鬼であるかどうかは実は定かではなく、その名もわからない。ひょっとしたら男の鬼であったかもしれないのだ。

にもかかわらず、後世の人びとは、この鬼を鬼女と考え、その名を「紅葉」と名づけたのであった。「紅葉狩りに出てきた人間の女を装った鬼」が、「紅葉という名の鬼女」になってしまったというわけだ。

『信府統記』も『北向山霊験記』も、この誤解の伝承によりつつ作った伝説・物語であったのである。もっとも、そうした誤解が生じたことによって、戸隠山は、男の酒呑童子と対をなす女の鬼の紅葉によって、その名を広めることができたともいえる。

近世になってからは、この維茂に退治された鬼女紅葉の伝説が流布していった。その勢いが強かったために、やはり謡曲『紅葉狩』の影響を受けつつ、新たに作り出されていた、もう一つの戸隠山の鬼の物語、つまり「九しやう（九しょう？）大王」という名の鬼の物語は、ほとんど人びとの記憶に留められることなく忘れ去られていった。

このもう一つの戸隠山の鬼の物語とは、戸隠山の中社《ちゅうしゃ》・久山家に伝わる『戸隠山絵巻』に描かれているものである。

戸隠の鬼伝承、九しやう大王

元正天皇《げんしょう》（在位七一五―七二四）の時、信濃国戸隠山の鬼神が山麓近郷の人びとを悩ませていた。人びとは人を送って鬼神討伐を朝廷に願い出る。驚いた帝は、紀伊の大臣に鬼神討伐の勅命を下す。大臣は、信仰する長谷寺《はせでら》の観音に使者を送って戦勝を祈願し、二人の臣下の武将が率いる五十余騎の軍勢とともに、信濃に出向する。この出だしは、ほとんど「酒呑童子」と同じである。いや、以下の展開も同じだといっていいだろう。

信濃国に着いた大臣は、二人の武将のみを従えて山に分け入った。途中、麓の者であるという二人の女に行きあい、鬼神の棲み家を尋ねる。すると、峰の向こうで上臈《じょうろう》たちが酒盛りをしているので、そこで尋ねるといいでしょうと教える。

峰を越えると、気品のある女たちが酒宴をひらいていた。大臣一行は誘われて一緒に酒を飲みながら、鬼神について尋ねると、「この山には九しやう大王という鬼がいるが、いまは陸奥《むつ》に出かけていて二、三日は戻ってこないので、わたしたちはこうして鬼のいないまに、心を慰めているのです」という。

そのうちに、大臣たちは酔って眠ってしまう。女たちは、これを見て、鬼の姿になって、大王のもとに知らせに行く。しかし、大臣は長谷観音の夢告によって目ざめ、二人の臣下の武将を起こし、大木の陰にかくれて鬼を待ち伏せていると、九しやう大王が配下の鬼たちを引き連れてやってくる。

鬼との戦いが始まり、配下の鬼たちはみな討ち取られ、残った九しやう大王は大臣と組み合い、やがて首を斬り落とされる。しかし、首は宙に舞い上がって、口から火焔を吐き出して抵抗する。

この時、鷲《わし》と鷹《たか》がどこからともなく飛んできて、鬼の首を谷底に蹴落としてしまう。一行は鬼の首を探し出して、都へ凱旋《がいせん》する。鬼の首は、七条河原で獄門にさらされた。

このように、物語の基本的枠組みは「酒呑童子伝説」と同じである。異なっているのは、舞台が戸隠山で、主人公の武将が紀伊の大臣とその配下の「曾我の川丸」「紀の貞雄」の合計三人であること、敵対する鬼が九しやう大王という名の鬼であること、そして鬼と武将たちの出会いが『紅葉狩』の趣向を取り入れた、酒宴の場であるとしていること、等々に限られている。

つまり、この物語も酒呑童子伝説と『紅葉狩』に素材を求めつつ伝えられた、鬼の物語であった。

考えてみると、たしかに、この物語はきわめて類型的であるが、中世以来の鬼退治伝承をよく引き継いだ物語だといえる。よくできた物語なのである。

なぜ鬼女物語が語り継がれたのか？

近世の初期の頃には、戸隠山の鬼として、この九しやう大王の物語が流布していたのかもしれない。

いや、流布していたかどうかは別にして、この物語の方が『紅葉狩』などの先行の鬼伝説を、より正確に継承していたことは疑いの余地はない。というのは、酒盛りをしていた貴女たちは九しやう大王の配下の鬼が化けていたもので、九しやう大王は山奥の鬼の岩屋の方にいて、この酒盛りには加わっていないからである。しかも九しやう大王は男の鬼の姿であったのだ。

しかし、なぜか、この物語の方は広く流布し定着し語り継がれることはなかった。むしろ「紅葉狩りにきた人間の女を装った鬼」もしくは「紅葉という名の鬼女」が

「維茂」という武将によって退治されたという、『戸隠山絵巻』よりも少しねじれた伝承の方が、後世に残ることになったのである。『北向山霊験記』は、その「鬼女紅葉」のヴァリエーションであったのだ。それも、明治になって創作されたヴァリエーションであった。

戸隠山の歴史に現われる鬼たちは、京の帝によって派遣された武将によっていずれも退治されてしまう。鬼はほとんど同情の余地がないほどの極悪非道をつくしたから退治されたのである。

いずれの物語もそうしたことを強調しているかにみえるのだが、しかし、地元の人びとは、戸隠山の鬼たちを愛し続けた。とくに鬼女紅葉には格別の愛情を注いできたかにみえる。なぜだろうか。

信濃の人びとは、とくに戸隠山の村々の人びとは、京の都から派遣された武将によって退治されることになる鬼たちに、信濃国の外部からの権力による支配に不満をいだく自分たちの姿を、重ね合わせていたからである。

いま、鬼女紅葉は、地元においては人間紅葉として、強力な外来武力勢力に敗れたが、地元の人たちのために戦ったヒーローとして、よみがえりつつあるかにみえる。

こうした解釈もまた、やがて、現代の〝妖怪異聞〟として、後世の人びとの間で語り伝えられることになるのかもしれない。

第六章　つくも神

妖怪たちのパレード『百鬼夜行絵巻』

わたしは妖怪絵を見るのが大好きである。興味に導かれて、いろいろな妖怪絵を見てきたが、それらのなかで一番気にいっているのは、重要文化財に指定されている『百鬼夜行絵巻《ひやつきやぎようえまき》』（真珠庵蔵）である。

この絵巻は、ある物語の主要な場面のいくつかを描くといったいわゆる「物語絵巻」ではない。詞書《ことばがき》はなく、夜になってどこからともなく出現した妖怪たちが、思い思いのいでたちで踊り狂いながら、行列をなして歩いているさまを描いただけの絵巻なのだが、そこに描かれた妖怪たちの一人ひとりをよく見てみると、恐ろしげな異形《いぎよう》の姿をしていながらも、どことなくユーモラスで、しかも躍動感にみちみちているのである。

絵巻をじっと見ていると、「妖怪様のお通りだ。百鬼夜行のパレードだぞ」といっ

た、騒々しくも楽しげな、妖怪たちの叫び声が聞こえてくるような気になる。

絵巻を開くと、まず目に入るのが、青い肌の鬼である。冠をつけ、鉾《ほこ》をかついで駆けている。前方には、やはり駆けながら白い大きな御幣《ごへい》を打ち振っている赤鬼がいる。彼らが妖怪たちの先頭なのだろうか。それとも最後尾にいるのだろうか。

絵巻を繰《く》っていくと、白い被《かつ》衣《ぎ》、鰐口《わにぐち》、浅沓《あさぐつ》、琴、琵琶《びわ》などの妖怪たちが、ふわふわ、よたよた、のそのそといった感じで

器物神であるつくも神たちの行進。恐ろしい妖怪たちのはずだが，どこかユーモラスな味わいがある（『百鬼夜行絵巻』真珠庵蔵）

行進している。琵琶の妖怪は、あまりに歩みが遅いのにたまりかねたとみえて、琴の妖怪を引っ張っている。

どうやら、ここに描かれている多くの妖怪は、器物の妖怪らしい。器物が霊を宿し、それが化け出したらしいのだ。

器物を妖怪化するのは簡単である。器物の一つひとつに、鬼か動物のような手足をつけたり、鬼の体の一部に器物をくっつければいい。そうすれば、たちまち器物の妖怪ができあがる。化粧道具だって、台所道具だって、宗教道具だって、なんだって妖怪にすることができるのだ。

絵巻をさらに広げていくと、たしかにその通り、まず笙《しょう》の妖怪が錫杖《しゃくじょう》を持ち、扇や匙《さじ》、黒布、傘の妖怪、さらには杖《つえ》の妖怪を馬代わりにしたぞうりの妖怪、といった妖怪が現われ、さらに進むと、鏡の妖怪を呼んでお歯黒をつけている女や、それをのぞき見る妖怪が現われる。さらに左手のほうに目を移すと、巨大な赤鬼が唐櫃《からびつ》を破って、そのなかに納まっていた妖怪たちを追い散らしている。きっと、この妖怪たちも、もとは古道具であったにちがいない。

その前方には、五徳《ごとく》（鉄輪《かなわ》）を頭にかぶり、火吹き竹を笛代わりにでもしているかのようにくわえた三つ目の妖怪が現われ、つぼや大鍋、すりこぎといった台所用品の妖怪たちが行進している光景が、目に入ってくる。さらに、その先には、銅板

五徳をかぶった三つ目や，すりこぎなどの台所用品の妖怪が行進している（『百鬼夜行絵巻』真珠庵蔵）

や経巻《きようかん》、鐃鈸《にようはち》をかぶり、あるいは天蓋《てんがい》を持つ妖怪などの宗教道具の妖怪たちの一団が姿を現わす。

さらに進むと、鋏《はさみ》の妖怪などが、紐《ひも》でしばった大きなつづらなどを見つけだし、それを切り開けて、これまたなかに閉じ込められている妖怪たちを、いっぺんに解放しようとしているかに見える。

だが、もう時間がない。大きな目玉の妖怪が大声で叫んでいる。

「朝だ、朝日が昇ってきた！」

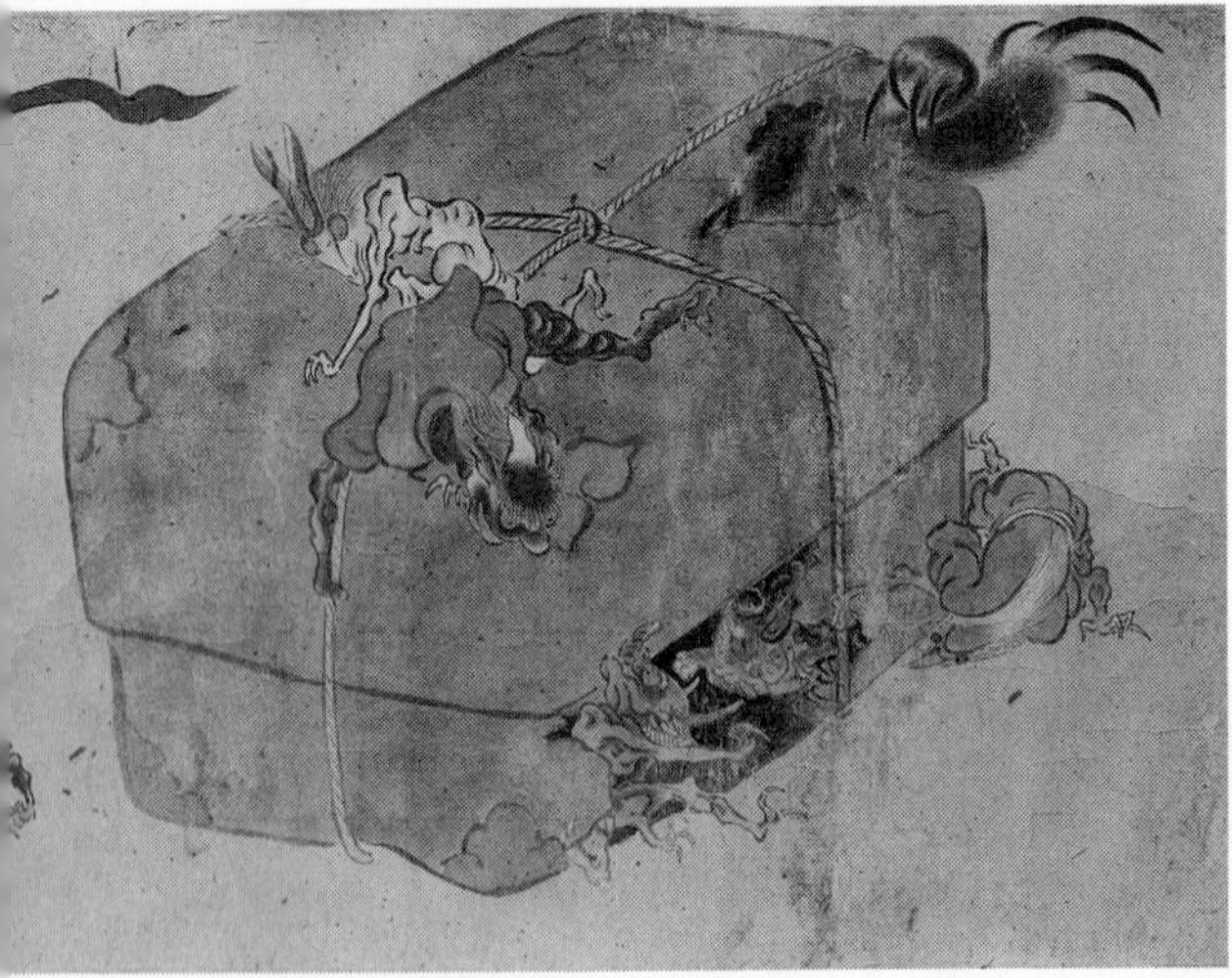

前方を見ると、暗闇のなかに大きな太陽（？）の姿が現われている。妖怪たちは一目散に逃げ出した。妖怪たちの時間は終わったのである。そう、きっと陽の光の届かない、どこかの闇のなかに逃げ帰らねばならないのだ。

こうして、この絵巻は終わりとなる。題名通り、百鬼夜行のさまを描いているのが、この絵巻なのである。

百鬼夜行の目的はなにか？

百鬼夜行、つまり、たくさん

夜中の行進で大きなつづらを発見したつくも神たちは，中の妖怪を解放しようとする。が，朝が近づく（『百鬼夜行絵巻』真珠庵蔵）

の鬼たちが夜中に道を行進していくという観念は、平安時代の終わりころから見られた。たとえば『古本説話集《こほんせつわしゅう》』にこんな話が載っている。

太政大臣藤原冬嗣《ふじわらのふゆつぐ》の孫にあたる常行《つねゆき》は、若いころ、京の東に恋人がいた。夜ごとにそこに通っていたが、ある夜、その女のもとにいく途中に、百鬼夜行に出会ったのである。美福門の前あたりにさしかかると、二百から三百人ほどの者が火をともして、ののしり来るのに出会った。

その姿を見ると、「手三つ付き足一つ付きたるものあり、目一つ付きたるものあり」という、恐ろしい姿をしていた。

これこそ百鬼夜行に相違ないと、神泉苑の北門の柱のもとにうずくまっていると、「ここに人の気配がするぞ。つかまえよう」と、一人の鬼が走りかかってきた。だが、なぜか近くまでくると引き返してしまう。別の鬼が次々とやってきたが、みな同じように引き返してしまうのだ。

常行も「これはどうしたことだ」と不思議に思っていると、やがてリーダーらしき鬼がやってきて、「ここには尊勝陀羅《そんしょうだら》尼《に》のおはしますなり」といったかと思うと、数百の火は一度に消え、東西に走り散る物の音を聞く。真言密教の呪文《じゅもん》を書いたものが常行の衣服に縫い込まれていて、この呪文のために、鬼たちは常行に手を触れることができず、退散したのであった。

もう一つ、同じような話を紹介しよう。『宇《う》治《じ》拾遺《しゅうい》物語』に見える話である。

ある修行者が摂津国《せっつのくに》まで来て、日が暮れてしまった。しかたなく、近くの、ある大きな破れ寺で一晩過ごすことにした。彼は不動明王を信仰していたので、不動の呪文を唱えていたところ、夜中になって百人ほどの者が、この堂に集まってきた。見ると、「目一つつきたるほどさまざまなり。人にもあらず、あさましき者どもなり。あるいは角おびたり。頭もえもいはずおそろしげなる物どもなり」といった百鬼夜行のたぐいであった。

修行者が恐れおののいていると、一人の鬼が手にした火をかざして修行者を見ていたが、「俺の座るべきところに、不動明王がおられる。今夜だけはどうか堂の外にいてくだされ」と片手で修行者を持ち上げて、堂の軒の下に運んだ。そうこうするうちに、暁《あかつき》になった。鬼たちは、ののしりあいながら退散していった。

夜が明けると、泊まったはずの寺はなく、まったく見ず知らずの土地にいる自分に気づいた。通りかかった人に「ここはどこか」と尋ねたところ、「肥前国《ひぜんのくに》である」と答えが返ってきた。つまり、いまの大阪と兵庫の境あたりから、九州の佐賀県あたりまで運ばれていたのである。

こうした話から、百鬼夜行、つまり鬼たちがなぜ集団をなして、夜中に行進しているのかが明らかになってくる。すなわち、彼らは集会を開くために現われるのだ。では、どんな集会だったのだろうか。

人をさらい、その血と肉で酒宴を催す

このあたりのことを教えてくれるのが『宇治拾遺物語』の、「鬼にこぶを取られること」と題された話であろう。有名な「こぶ取り爺《じい》さん」の昔話のもとになったとされている話である。

右の顔に大きなこぶのある爺さんが、山に薪《たきぎ》を取りに出かけて大雨にあい、やむなく山のなかで野宿することにした。どこか雨風をしのげるようなところがないかと探していたところ、木の洞《うろ》があるのを見つけ、そこで寝ることにした。夜中になって、人の気配がすることに気づく。

「こんな山のなかで何者だろう」と生きた心地もしないでいると、「赤き色には青き物を着、黒き色には赤き物を着、たうさぎ（さるまた）にかき、大かた目一つある物あり、口なき物など、大かたいかにもいふべきにあらぬ物ども、百人ばかりひしめきあつまりて」、彼のいる木の洞の前で、酒盛りを始めたのである。

この鬼たちの酒宴で爺が舞い、それがことのほか好評を博したので、「またやってこい。やってくるように、この右の顔のこぶを預かっておこう」と、こぶを取られてしまう。このため、この爺は困っていたこぶを取り除くことができたのだった。

これを聞いた左の顔にこぶのある隣の爺さんが、「自分も鬼にこぶを取ってもらおう」と山に出かけるが、舞が不評で、前の爺さんから取ったこぶを右の顔に戻され、追い払われてしまうのであった。

とてもおもしろい話であるが、ここでわたしたちが注目したいのは、鬼たちは酒宴を開くために集まってくるということである。そこで飲み食いされるものは、夜行中に手に入れた人間の血や肉なのだろう。

第一章で紹介した大江山の酒呑童子たちが、夜、都や里に出没して人をさらい、その血と肉で宴会をひらいていたことを思い出していただきたい。彼らもまた百鬼夜行であった。とすると、『百鬼夜行絵巻』の妖怪たちも、人をさらって宴会をするために出現した、ということになるわけである。

百鬼夜行から器物の夜行へ

しかしながら、『宇治拾遺物語』などにみえる中世の鎌倉初期のころの百鬼夜行と、『百鬼夜行絵巻』に描かれた室町後期のころの百鬼夜行を比べてみると、雰囲気も性格もかなりちがっているように思われる。おそらく、それは『百鬼夜行絵巻』の百鬼夜行、つまり妖怪たちが持つユーモラスな性格に由来しているのではなかろうか。そして、そうしたユーモラスな性格は、妖怪たちの正体を器物に求めているところから生まれているように思われる。

器物の妖怪は『百鬼夜行絵巻』にのみ描かれているわけではない。むしろ、百鬼夜行の正体を器物に求めようとする観念は、当時かなり広く流布していたといっていいだろう。

たとえば、『泣不動縁起絵巻《なきふどうえんぎえまき》』（清浄華院蔵）に、陰陽の博士安倍晴明《あべのせいめい》が、三井寺《みいでら》の高僧智興《ちこう》の病を、智興の弟子の証空《しょうくう》へ引き移すための祈禱をする場面がある。この場面は、晴明の脇に「式神《しきがみ》」と思われる二人の鬼神が描きこまれていることでいままでは有名になっているが、ここには、智興に取り憑いている疫病神として、五人（五匹？）の妖怪たちも描かれており、そのうちの二人は明らかに器物の妖怪である。また、『土蜘蛛草紙絵巻《つちぐもぞうしえまき》』（東京国立博物館蔵）にも、器物の妖怪が源頼光の前に出現する場面が見られる。

ようするに、室町時代にあっては、器物の妖怪は妖怪の代表的形象だったのである。

そこで、わたしたちは、なぜ器物は妖怪になったのか、という疑問に導かれることになる。

器物はなぜ妖怪になったのか？

器物の妖怪のことを、室町時代の人びとは「つくも神」と総称していた。「つくも神」は「つくも髪」でもあって、ここでいう「つくも」とは「九十九」、つまり九十九の歳月を意味する。それは、水中の岩などに藻がつくほどの歳月が経っていること、また、九十九年もの長い歳月が経った器物には霊が宿り、しかも、化ける能力さえも獲得する、と当時の人びとが考えていたことをあらわしている。

以下で紹介するのは『付喪《つくも》神《がみ》絵巻』（崇福寺蔵）や『付喪神記』（国会図書館蔵）などに描き語られている物語で、これによって、わたしたちは器物の正体を明らかにすることができるはずである。ここに描かれた妖怪たちは、百年経って変化の能力を自然に獲得した器物の妖怪ではない。一年足りない九十九歳の古道具たちが妖怪化した物語である。

さて、物語は、まず器物の妖怪がいかにして発生するのか、人はそれをいかにして防いでいたのかを説くことから始まる。

捨てられた古道具たちの反乱

『陰陽雑記《おんようぞうき》』(架空の書物らしい)という書物によると、器物は百年経つと霊を獲得し、人をたぶらかすことができるようになる。これを「付喪神」という。このため、人びとは毎年新春を迎える前に、百年になる前の古道具を路地に捨てていた。この風習を「煤払《すすはら》い」という。

これによって、古い器物も霊を宿すことなく、そのために「つくも神」の被害を受けずにすんでいた。衣装から家具に至るまで、とにかく新しいものがいいのであって、古いものはさっさと捨てるにかぎった。

ところが、この風習を烈火《れっか》のごとく怒っていたものがいた。もちろん、捨てられた古い器物たちだ。百年経たないので妖怪になれないのだが、さんざん自分たちを使っておきながら、用ずみとなると、なんの恩賞もなく路上に捨てられるのではたまったものではない、と。

康保《こうほう》(九六四—九六八)のころ、とうとう古道具たちは一揆《いっき》を起こすことになった。すなわち、煤払いのときに、京の洛中洛外《らくちゅうらくがい》の家々から捨てられた古道具たちが集まって評定《ひょうじょう》することになった。

「われわれは多年にわたって家々の家具となって、奉公をしてきたのに、なんの恩賞もなく、路上に捨てるのは許せない。なんとかして妖怪となって、仇を討ちたいものだ」

この決定に対して、「数珠《じゅず》の入道」つまり数珠に宿っている精霊（まだ化ける能力を持っているわけではないので、数珠をはじめ集まっている器物の精霊を妖怪というわけにはいかない）は、「このようになったのもすべて因果なのです。仇を恩で報いるべきではなかろうか」と一同をたしなめた。これは数珠を使う人間の坊主たちの言動によく似ている。

すると、「手棒《てぼう》の荒太郎」という手棒の精霊が進み出て、「こんな未熟な坊主の話などしゃらくさい」とさんざんにいためつけた。

あらためて、一人ひとりに意見を求めたところ、その一人であった古い書物の精霊である「古文先生」が、「節分は陰と陽が混沌として事物が造られるときにあたるので、今度の節分のときに、われわれが身を虚にしてその造物の動きに身を任せれば、妖怪変化となることができるだろう」と教えた。

　この古文先生は、人間社会でいういわゆる〝学者〟である。学者たちが知識を得る古文書が捨てられて、その古文書に宿る精霊が、妖怪化するための知識を人間の学者のように教えさとしているのである。

「手棒の荒太郎」が「数珠の入道」をおどすのも、手棒の持つ破壊的性格に由来している。ということは、器物の妖怪、古道具の妖怪たちはおしなべてその正体である器物の性格を引きずっていると見ていいかと思う。剣の妖怪は剣の性格を、琴の妖怪は琴の性格を……等々といった具合に。

　さて、その節分の夜がやってきた。古文書の精霊「古文先生」の教える通り、その身を虚にして造化（創造）の神の懐に入ると、たちまちのうちに妖怪となった。ある物は男女老若の姿を現わし、ある物は魑魅《ちみ》悪鬼《あっき》の相を現わした。また、ある物は狐などの動物の形を現わした。その姿はまことに恐ろしいものであった。

　器物の妖怪たちは棲むべきところを定める相談をした。あまり人里から離れていては食物の調達に困るというので、京の北の船岡山の後ろの長坂の奥を住所とし、京の白河付近に出没しては、捨てられたことの恨《うら》みを晴らすために、あるいは食物とするために、人間はもとより牛馬に至るまでさらってきた。そして、妖怪たちは、人間や牛馬の肉を山のように積み上げ、血を泉のごとくしぼりとって飲み食いするといった宴会を毎夜のごとく開いて、大いに楽しみ暮らした。

妖怪たちの社会は人間社会のコピー

絵巻の絵を見ると、最初は古道具であった物たちが、妖怪化して、なお器物の属性を体の一部分にとどめる、いわゆる「つくも神」になり、さらに遊戯に興じている場面になると、その器物的特徴も失せて、鬼や奇怪な動物へとすっかり変化してしまっているのが、段階的に示されている。

つまり、『百鬼夜行絵巻』に見える器物の妖怪は、この絵巻に照らし合わせて解釈すれば、完全な古道具から完全な鬼などに移行する過程にある妖怪ということになるわけである。

妖怪となった器物たちは、人間にならって、この山奥に神社を建てて、そこに「変化大明神」なる神を勧請《かんじょう》し、「立烏帽子《たてえぼし》の祭文の督《かみ》」を神主とし、「小鈴の八乙女《やおとめ》」「手拍子の神楽男《かぐらおとこ》」などの神職を定める。

ようするに、こうした妖怪たちの言動から明らかになってくるのは、彼らの世界とは、人間世界の逆立ちしたコピーだということである。そして、それは大江山の酒呑童子たちのコピーでもあるといっていいだろう。

人間社会のコピーは、祭礼にまで及んでいる。たくさんの神社で祭礼があるのにならって、変化大明神の祭礼を卯月《うづき》（四月）五日に行なおうと決めたのだ。卯月といえば、京都の賀茂神社の賀茂祭、いわゆる葵祭《あおいまつり》が有名である（現在は五月十五日）。彼ら妖怪たちは、この賀茂祭に対抗するような気持ちで、祭礼を催そうとしたのであろう。

というのは、葵祭のときは、仏事を控える風習があったので、このときこそ「物怪」が僧を恐れることなく出歩けたのである。

しかし、「山をつくり、鉾《ほこ》を飾る、さまざまの風流、美をつくし」とあるところから判断すると、むしろ六月に行われた祇園祭《ぎおんまつり》（現在は七月十七日が山鉾巡行）を想わせるところもあるように思われる。

あっけない敗北と仏門に入る妖怪

いずれにせよ、妖怪たちは思い思いのいでたちで、真夜中の京の町へと繰り出していったのであった。その日の百鬼夜行はふだんの百鬼夜行ではない。妖怪たちの祭礼の夜行なのだ。〝妖怪祭〟のメーンイベントとしてのパレードであった。『百鬼夜行絵巻』の妖怪たちのパレードも、ひょっとしたら、〝妖怪祭〟のパレードを描いているのかもしれない。そんな気持ちで眺めてみるのも一興ではなかろうか。

崇福寺《そうふくじ》本『付喪神絵巻』自体には、このパレードの場面は絵画化されていないが、岩瀬文庫本『付喪神記』などにはこのパレードの場面がしっかりと描き込まれている。

このとき、関白殿が急用があって内裏に参内しようと一条通りを西に達智門《たっちもん》（内裏北の門）へと向かっていて、この妖怪たちのパレードに出会うことになった。夜の一条通りは妖怪の道であったのだ。

先頭の者が、馬から落ちて気絶してしまった。その他の供の者たちもみな、倒れ伏してしまった。しかし、関白殿は少しも騒がず、牛車《ぎっしゃ》のなかから妖怪たちを睨《にら》みつけられた。すると、なんと不思議なことだろうか。関白殿が身につけていたお守りから、急に火が噴き出し、その火が妖怪たちに襲いかかっていったのだ。妖怪たちは

「これはたまらない」とばかりに、蜘蛛《くも》の子を散らすように逃げ去っていった。

夜明けとともに改めて参内した関白殿は、帝にことの子細を奏上した。帝はたいへん驚いて、陰陽の博士を召して占わせたところ、「たいへんなことです。厳重に身を慎まねばなりません」と占い判じた。そこで、帝は諸々の神社に奉幣《ほうへい》し、寺々には祈《き》禱《とう》をするように命じた。重大事があると、これを鎮《しず》め回避するために神社に御幣を納め、寺に災厄退散の祈禱を頼むというのが当時の定石《じようせき》だった。

さて、関白殿は昨夜お守りのおかげで災難をまぬがれたが、それはどうしてだったのかを調べたところ、ある高僧が関白殿のために、「尊勝陀羅尼」の真言密教の呪文、つまりすでに紹介した藤原常行が百鬼夜行の難をのがれることができたのと同じ呪文を手ずから書いたお守りを身につけていたからであった。

これを聞かれた帝は、「ならば、その高僧に今度の祈禱をさせよ」と召して、内裏の清涼殿《せいりようでん》にて、伴僧二十人とともに「如法《によほう》尊勝の大法」を行なわせた。

宮中に護摩《ごま》の煙がたちこめ、念珠《ねんじゆ》の声が響き渡ること六日、その夜、帝が聴聞のために臨席されておられたときのことである。明るい光が現われ、そのなかから七、八人の童子が出現したかと思うと、ある者は剣を、ある者は宝棒《ほうぼう》を手にして、北をさして飛び去った。

これを見た帝は、「これはきっと明王（不動明王など）の眷属《けんぞく》の護法童子《ごほうどうじ》であろう。悪魔降伏《ごうぶく》のために現われたのだ」と涙を流して喜ばれた。

まったくその通りであった。「如法尊勝の大法」の効果が現われて、護法童子が明王のもとから派遣されてきたのだ。護法童子たちは、妖怪たちの棲み家「鬼が城」へ攻め込んで、輪宝《りんぽう》（火輪）を飛ばして妖怪たちを火攻めにしたのであった。

かくして、たちまち妖怪たちは降伏してしまう。絵巻の絵にこの場面があり、二人の童子に攻められている赤鬼、二つの火輪に追われて逃げまどう黒鬼たちが描かれている。大江山の酒呑童子たちのように激しく抵抗するでもなく、あっけなく降伏してしまうのには、いささか拍子抜けの感がしないでもないが、古道具の妖怪の霊力はこの程度のものなのかもしれない。

護法童子は妖怪たちに告げる。「お前たち、もし人の命を取ったり苦しめたりすることをやめて、仏教を信仰すれば、命を助けてやろう」

そして、妖怪たちはこれを受け入れ、命を助けられたのであった。

その後、妖怪たちは一堂に会して、「われわれは多くの生類《しょうるい》を殺してきたので、地

改心した妖怪たちはそろって一蓮上人のもとを訪ねる（『付喪神絵巻』崇福寺蔵）

獄の苦しみを受けるのは必定《ひつじょう》であるが、心を改めて仏道に入り、仏界に生まれ変わろう」ということに衆議一致し、山深い古寺で修行する一蓮上人《いちれんしょうにん》のもとを訪ね、剃髪染衣《ていはつぜんえ》の姿となって仏教修行に励んだ。その結果、彼らもまた成仏することができたのであった。

そして、最後は、真言宗の宣伝の文句が述べられる。「余宗には、ただ草木成仏といへるを、吾宗には草木非情、発心《ほっしん》修行成仏、と題せり」。『付喪神絵巻』が別名『非情成仏絵』とい

剃髪染衣の姿となり，真言の教門に入る妖怪たち（『付喪神絵巻』崇福寺蔵）

うのも、この理由からである。

ようするに、情（心）があるはずもない草木や器物も、実は情を宿すことがあり、そして、それらもまた修行さえちゃんと積めば、人間と同様に成仏するのだ、というわけである。

『付喪神絵巻』は『是害坊絵巻』の真言宗版？

以上が『付喪神絵巻』の内容である。ここでいう百年で妖怪になるのだとか、九十九年で妖怪になるのだといった表現は、あまり厳密に受けとめる必要はない。人間も草木も動物も、さらに人間の作った道具さえも、古くなるにつれて霊性を獲得し、徐々にその霊力が増大し、ついに自ら変化する能力さえも獲得するに至るのだ、というふうに理解しておくほうがいいだろう。

たとえば、玉藻前《たまものまえ》に化けて鳥羽院の内裏に現われた妖狐《ようこ》は、百年どころか、八百歳という途方もなく長生きしている老狐であった。いや、人間さえも年を取ると妖怪になる、と考えられていたのである。『今昔物語集』に、妖怪（鬼婆）になった老母の攻撃を受けた兄弟が、その鬼婆の手を切り落とす話が見えているのは、その一例であろう。

ところで、この物語を読んで、わたしたちが思い起こさなければならないことがいくつかある。その一つは、この妖怪が出現した時代、つまり康保年間についてである。実は、康保三年（九六六）に、日本妖怪変化史で忘れてはならない妖怪が出現していた。

そうである。第三章ですでに紹介したように、中国から「是害坊《ぜがいぼう》天狗」がやってきたのがこの年であった。是害坊も、いばっていたわりにはあっさりと天台の高僧の呪力のために敗北してしまった。

さらに興味深いのは、つくも神たちが真言宗の高僧の呪力で敗れる光景と、是害坊が天台宗の高僧の呪力に敗れる光景は、絵巻で見るかぎりほとんど同じなのである。護法童子が出現し、かつ輪宝が飛び回り、火焔《かえん》に身を包まれて、敗北してしまう。おそらく『付喪神絵巻』は『是害坊絵巻』の真言宗版、つまり、後者の影響を受けて生み出されたものだったのではなかろうか。

もう一つは、この絵巻が酒呑童子伝説をふまえてできていることである。そのパロディーといっていいほどである。すなわち、同じ鬼なのだが、なにごとにおいてもスケールが小さいのだ。

酒呑童子は大蛇と人間の間に生まれた鬼であるが、つくも神は古道具から生じた鬼である。酒呑童子の城は、大江山の山奥にある龍宮や閻魔宮《えんまきゅう》を思わせるが、つくも神の城は、京のすぐ裏手の船岡山付近である。酒呑童子たちの芸能は、田楽など本格的であるが、つくも神たちの芸能はほんの真似ごとにすぎない。芸というよりも、双六《すごろく》などの遊びのほうがいいらしい。

人をさらってその血や肉を飲み食いしているが、つくも神たちの酒宴のようすを見ると、酒呑童子たちほど大食漢とは思われない。そしていともあっさり降伏し、命乞《いのちご》いし、あげくに仏門にまで入ってしまう。首を切り落とされてもなお戦った酒呑童子のように、鬼の道に最後まで徹する心意気などさらさらない、気弱な妖怪たちである。だからこそ、わたしたちには、つくも神がちょっぴりかわいらしく、ユーモラスに見えるのかもしれない。

つくも神の時代は中世

こうしたつくも神＝器物の妖怪たちも、江戸時代になると急速に人気を失っていった。それに代わって台頭してくるのが、お岩さんなどの幽霊《ゆうれい》である。

もっとも、近世後期ごろから、『百鬼夜行絵巻』の焼き直しであったが、再び浮世絵師たちの注目を集めるようになる。しかし、このときは、たんに器物から鬼への移行過程の一段階である、器物の属性をとどめた妖怪のおもしろさが興味を引いたのであって、その背景となっていた鬼信仰へは関心があまり注がれなかったかに見える。

そう、ちょうちんに目鼻や口をつければ、妖怪がひとつできあがる。傘に目や口をつければ、また妖怪がひとつできあがる、といった程度の関心であった。やはり、つくも神の時代は、中世だったのだ。

つくも神の難を防ぐ法——それは古道具を捨てるとき、しっかり供養してやることである。

第七章　鈴鹿山の大嶽丸

宝物倉に納められた三大妖怪

大江山の酒呑童子があまりに有名なために、その陰に隠れて、今日ではその名を知る人が少ないが、かつての京の都人の間では、「大嶽丸《おおたけまる》」という鬼は、酒呑童子と並び称されるほどの妖怪・鬼神であった。

中世は日本妖怪史においてもっとも重要な時代であった。幾多の妖怪変化のたぐいが発生し、そして退治されたからだ。そうした妖怪群のなかで、もっとも恐ろしい妖怪はどれかを、もし中世の人びと、それも都人にたずねたら、次の三つの妖怪の名があがるだろう。酒呑童子、玉藻前、そして大嶽丸。そう、大嶽丸は中世の三大妖怪のひとつなのである。

どうして、これらの三大妖怪が傑出した妖怪とみなされたのだろうか。その事情はくわしくはわからないが、これらの妖怪に対して、特別の扱いをしていたことはわかっている。すなわち、いまのところこの三妖怪だけが、退治されたあと、支配者、つまり京の天皇を中心とする人びとの「宝物」として、その遺骸《いがい》もしくは遺骸の一部が、支配者の権力を象徴する「宝物倉」に納められた、とされているからである。

この「宝物倉」とは「宇治の宝蔵」、すなわち藤原氏の氏寺《うじでら》として藤原頼通《ふじわらのよりみち》が建立した、宇治の平等院の宝蔵であった。

まず、酒呑童子。第二章でも紹介したように、逸翁美術館蔵『大江山絵詞』によると、「鬼王の頸《くび》といひ、将軍の気色《けしき》といひ、誠に耳目を驚かしけり。事の由を奏しければ、不思議の由、宣下有て、彼の頸をば、宇治の宝蔵にぞ、納られける」と記されている。

玉藻前も、根津美術館蔵『玉藻前草紙』によると、「件《くだん》の狐、野より山に向て走上らんとする処を、三浦介弓手《ゆんで》ニあひつけて、染羽の鏑矢《かぶらや》をもて只一箭《や》ニ射留む、其を取て、夜を日につゐで上洛し、院之叡覧に備たてまつる……其後《そののち》彼狐をば宇治宝蔵ニ籠められて、今に至るまで是在《これあり》……」と記されている。

そして、大嶽丸もまた、たとえば、刊本『たむらのさうし』によると、「又大たけ丸が首をば末代のつたへにとて、宇治の宝蔵に納め、千頭の大頭と申て、今の世までも、御輿《みこし》のさきに渡るは、この大たけ丸が頭なり」と語られているのである。

鬼の首や狐の遺骸を宝物倉に納める。考えてみると気味悪い。しかし、戦勝の記念品と理解すれば、よくわかるだろう。首狩り族の戦士が、強い戦士のしるしとして、殺した敵の首を家に飾るのと同じである。いや、もっと身近な例をあげれば、釣りの愛好家が巨大なもしくは珍しい魚を釣り上げたとき、重量を調べ、魚拓《ぎょたく》を作って飾ったり、ハンターが珍しい獲物を剝製《はくせい》にしたりするのと、同様の考えに基づいていることなのである。

すなわち、酒呑童子の首、大嶽丸の首、那須野の妖狐の遺骸が、宇治の宝蔵に納められたということは、宝蔵の所有者が、そうした妖怪の霊力に勝る武力・知略・神仏の加護を所有していることのしるしとなると認定されたこと、つまり、右の三妖怪は宇治の宝蔵に納める価値のある強大な妖怪であった、と判断されたことを物語っているのである。

ようするに、大嶽丸という鬼は、宇治の宝蔵に納められるほど、中世の都人を恐怖させた鬼だったのだ。

鈴鹿山の鬼神・大嶽丸

大嶽丸の伝説をざっと見てみよう。

藤原俊宗《としむね》は、幼名を田村丸といい、十七歳のときに、数多くの軍功によって将軍（征夷大将軍）となった。

あるとき、伊勢国の鈴鹿山に大嶽丸という鬼神が現われた。このあたりでは往来が絶え、都への貢物《みつぎもの》も届かなくなった。これを聞いた帝は、俊宗に大嶽丸討伐の勅命を下す。俊宗は三万余騎の軍勢を整え、鈴鹿山へと押し寄せる。しかし、大嶽丸は悪知恵の働く鬼であって、峰の黒雲に紛れて姿を見せず、しかも暴風を引き起こして雷電《らいでん》を鳴りはためかせ、火の雨を降らせるので、いたずらに年月を送ることになってしまった。

ところで、この山陰に、天女が一人天下って住んでいた。その名を鈴鹿御前といった。大嶽丸はこの鈴鹿御前の美しさに心を悩まし、一夜の契《ちぎ》りをかわしたいものと、美しい童子や公家・殿上人に身をやつして鈴鹿御前に迫ったが、思いを果たせずにいた。

俊宗は大嶽丸の所在を少しもつかめず、諸天に祈ったところ、ある夜の暁に、夢うつつの心地のところに老人が現われ、「大嶽丸を討つためには、この山に住む鈴鹿御前の協力を得よ」と告げる。そこで、俊宗は三万余騎の軍兵を都に送り返し、ただ一人、鈴鹿の山に分け入ることにする。

山に入ってさ迷い歩いていると、年の頃二十八歳ほどの美しい女が姿を現わす。俊宗は、「これは鬼が化けて来たのではなかろうか」といぶかるが、この女に誘われるままに女の住家に至り、契りをかわすことになる。女が寝物語に俊宗に告げる。「わたしは、この山の鬼神を退治するためにやってきたあなたを助けるために、天から下って来た者です。わたしがはかりごとをして、大嶽丸をたやすく討ち取れるようにいたしましょう」。

この女が鈴鹿御前だったのだ。

鈴鹿御前は、大嶽丸に気づかれないように、俊宗を大嶽丸の鬼が城へ案内する。多くの山々峰々を越えたところに、大きな洞穴《ほらあな》があり、そのなかに入っていくと、やがて霞《かすみ》のなかに黄金のいらかが姿を現わす。黒金の門、白金の門があり、堀があって反橋《そりはし》がかかっている。まるでここは極楽世界か、と思うような光景である。庭を見ると、四方に四季の景色が配されている。東は春の景色、南は夏、西は秋、北は冬の

童子の姿となり鈴鹿御前のもとへ通いつめる大嶽丸（『田村草子』個人蔵）

景色であった。また、辰巳《たつみ》の方角を見ると、さまざまな鳥の羽で屋根をふいた屋形が百ばかり建ち並び、その内部には、玉の床に錦のしとねを敷き、たくさんの女たちが琵琶《びわ》や琴《こと》を奏したり、碁《ご》や双六《すごろく》で遊んでいた。

ここで少しコメントを加えておこう。この大嶽丸の鬼が城の場所や造りは、あの大江山の酒呑童子の鬼が城と、ほとんど同じだといえる。すなわち、鬼が城は、山奥の洞穴の向こう側にある異界であり、そのイメージは龍宮や極楽浄土、神仙界のイメージが重なり合って造形されているのだ。

俊宗が屋形の奥のほうを覗《のぞ》き見ると、黄金の扉、白金の柱に囲まれた一段高い床があり、剣や鉾《ほこ》、弓矢をすきまなく立て並べたところがあった。そこが大嶽丸の居室であった。

俊宗が「鏑矢で大嶽丸を射殺してみせる」と鈴鹿御前にいうと、「この鬼は三つの宝剣を持っているので無理です。大嶽丸はわたしを恋しているので、それを利用して、あの三つの剣を、まず奪い取らねばなりません」と思いとどまらせる。

鈴鹿御前の屋形に戻ると、案の定、その夜、大嶽丸が美しい童子に変じて現われる。いつものように、大嶽丸が思いを歌に託して鈴鹿御前に告げると、大嶽丸の思いを受け入れる内容の返歌がある。大喜びした大嶽丸は、「俊宗という曲者《くせもの》がわたしの命を狙っているので、守り刀としてあなたの三つの宝剣を預からせてほしい」との鈴鹿御前の頼みを受け入れる。こうして、首尾よくその剣を手に入れたのだが、三つのうちの一つは、大嶽丸のおじが天竺《てんじく》に持っていってしまっていたので、手に入れたのは二つだけであった。

さて、俊宗の待ち構えている鈴鹿御前の屋形に、そうとは知らない大嶽丸が次の日の夜も訪ねてきた。そして、俊宗と大嶽丸は、激しい戦闘を繰り広げることになる。

大嶽丸は正体を現わし、身のたけ十丈ばかりの鬼神となって、日月のごとく輝く眼《まなこ》で俊宗をにらみつけ、天地を響かせて大音をあげ、氷のごとき剣や鉾を投げかけてきた。これを俊宗の信仰する千手観音《せんじゆかんのん》と毘沙門天《びしやもんてん》が払い落として守護した。これに怒った大嶽丸が、今度は、分身の術を使って、数千もの鬼になって攻め寄せてくる。俊宗が神通の鏑矢を一本放つと、矢先が千、千が万に分かれて鬼神たちの顔に当たる。それにもかかわらず、大嶽丸はさらにしばらく抵抗を続けたが、俊宗の投げた剣によって、ついに首を打ち落とされてしまう。

こうして、大嶽丸は退治された。その首は都に運ばれ、帝の叡覧《えいらん》を受け、俊宗は伊《い》賀国《がのくに》を給わり、鈴鹿御前と結婚し幸せな生活を送ることになって、めでたしめでたし、ということになる。

大嶽丸よみがえり、またも暴れ回る

ところで、大嶽丸が退治されたままであったならば、大嶽丸は酒呑童子の亜流の鬼の一人として、宇治の宝蔵に納められることもなかったはずである。実際、右の話をよく見ても「鬼の首共をさう車につみ、都に上せ給ふ、御門《みかど》叡覧ましまして、伊賀の国を給はり、いよいよ、栄え給ふ」とあるだけで、首が宇治の宝蔵に納められた、とは語られていないのだ。おそらく、源頼政に退治されたという、宮中に出没した鵺《ぬえ》がそうだったように、「うつぼ舟」を作って、そのなかに首を納め、鴨川《かもがわ》にでも流し捨てたのではなかろうか。

酒呑童子でさえ、勅命を受けた源頼光に首を切り落とされて、そのままこの世から去り、再び姿を現わすことはなかったのだ。

ところが、この大嶽丸は、再び強力な鬼となって出没することになるのだ。その原因となったのは、大嶽丸の宝剣のうち二本しか入手しえなかったことにあった。そのために、大嶽丸の魂魄《こんぱく》が残り、天竺へ立ち戻ったのち、再び日本に戻ってきて、陸奥《むつ》の霧山が岳に立《た》て籠《こも》り、世の中を乱し始めたのである。こうして、俊宗は大嶽丸討伐のため、鈴鹿御前とともにはるか陸奥国へと向かうことになる。

大嶽丸は山を掘り抜き、入口には大磐石《だいばんじゃく》を扉として立て、難攻不落《なんこうふらく》の鬼が城をまた建設していた。しかし、俊宗はかつて鈴鹿山の大嶽丸の鬼が城の様子を見て回っている経験をもっているので、からめ手から城に入ることに成功する。

そうこうするうちに、えぞが嶋（現在の北海道および千島列島のこと）の大王（八面大王）のもとに出かけていた大嶽丸が戻って来て、再度の対決ということになる。

大嶽丸の首がやはり俊宗に切り落とされることになるが、今度は、前回とちがい、酒呑童子の首のように天に舞い上がり、兜《かぶと》を重ねてかぶる俊宗の頭に喰《く》いついたのだ。「俊宗、兜を脱ぎ、御覧ずるに、其まま、首は死にける」。

玉藻前も、その魂魄が殺生石となってそのあたりの人びとを苦しめたというが、大嶽丸もそれに輪をかけるほどの悪行を、再生してからも繰り返したというわけである。帝の勅命を受けた俊宗は、二度（二倍）の努力を払って大嶽丸を完全に退治した。それほど強力な鬼だったのだ。それゆえに、大嶽丸は、特筆すべき鬼として、京の王権の強大さを誇る「宝」とするにふさわしいものとして、宇治の宝蔵に納められることになったのである。

三妖怪はどうなったのか？

では、宇治の平等院の宝蔵には、今日でも酒呑童子の首、那須野の狐の遺骸、そしてこの大嶽丸の首が収蔵されているのだろうか。

残念ながら、これはあくまでも空想の世界のことであって、現実の世界の宇治の宝蔵の収蔵品リストに、右の三妖怪の記念品が含められていたという記録はない。しかも、この宝蔵は中世に焼失したという記録もある。今日の宇治の平等院には、おそらく存在していないのではなかろうか。

いや、ひょっとしたら、それらしきものが今日でもまことしやかに寺内において伝えられているのかもしれない。いずれにせよ、わたしたちの頭のなかにある「宇治の宝蔵」のなかには、しっかりと、右の三妖怪のしるし（首）を収蔵しておきたいものである。

第八章　宇治の橋姫

捨てられた女が鬼女となる

藤原頼通が宇治の地に平等院を建立したのは、この地が龍神の守護する地であると考えられていたからである、という。宇治川には、強力な龍神が棲んでいたのだ。京の王権の強大さを誇る象徴ともいうべき宇治の宝蔵は、龍神によって守護されていた。いや、そうであるべきだと期待されていた。ところが、そんな宇治川の龍神が、京の王権を脅かす鬼神であった、という伝承が残されている。「宇治の橋姫」の伝説がそれである。

この伝説はいくつかの異伝があり、京の北西の愛宕山の鬼や、酒呑童子の一の子分茨木童子という鬼の伝説、さらには、貴船《きぶね》の鬼女つまり丑《うし》の時参《ときまい》りの習俗などと複雑にからまりあっている伝承などであるが、ここでは、藤井隆氏蔵の御伽草子（奈良絵本）『かなわ』によって、その伝説を紹介することにしよう。

ここに登場する鬼女橋姫は、すでに紹介した戸隠山の鬼女や、安達《あだち》が原《はら》の鬼女に勝るとも劣らない恐ろしい鬼女であるが、残念ながら、宇治の宝蔵に、そのしるしが納められたという記録はない。しかし、わたしの考えからすれば、宇治の宝蔵に収蔵するに値するほど、有名な鬼女であった。

丑の時参りで、女、鬼となる

源頼光とその一党が武将として活躍し、安倍晴明《あべのせいめい》が天文・陰陽《おんみよう》の博士として活躍していた時代のことである。京は下京の樋口というあたりに、山田左衛門国時という者がいた。その妻は、ある公家の娘で、二人は深く愛しあっていたが、この左衛門、どうしたことか、別のところに、女をひそかに作っていた。

これを知った妻は夫の左衛門に、このことを告げて責めたてたが、夫はのらりくらりといい逃れて、いっこうにその女と別れようとしなかった。

ある夕暮れ、左衛門が女のもとに向かったのを知った妻は、嫉妬《しっと》の思いをめらめらと燃え立たせて、「にくき男かな、いかにして怨《うら》みを報ぜん」と思い、「今日こそは、貴船の明神へ丑の時参りをしてくれよう」と決意する。

丑の時参り――いうまでもなく、それは、人を呪い殺すための祈願をかけに、社寺に参ることであった。

女は、丑三つ時に、暗い夜道をただ一人で貴船の明神の社へと足を運ぶ。ひたすら憎い夫への怨みを晴らさんがために。社前に至った女は、「南無帰命頂礼《なむきみようちようらい》、貴船の明神、願はくは、生をば、変へずして、生きながら、この身を、悪鬼となしてたびたまへ、我ねたく思ふ者に、恨《うら》みをなさん」と祈請《きせい》した。それを七日間続けた満願の日の夜、貴船の明神の社で、通夜のお籠《こも》りをしていたところ、神社の男みこ（かんなぎ）の夢に、鬼が現われて、「望みをかなえてやろう」との託宣《たくせん》を下す。

そして、「赤い衣を身にまとい、顔には丹《たん》（朱）を塗り、手には鉄杖《てつじよう》を持ち、髪を七つに分け（角のかたちにつくり）、頭には鉄輪《かなわ》を戴《いただ》き、その三つの足に火をともし、宇治の川に行って、二十一日間ひたれ。さらば、生きながら、鬼に変じるであろう」と、鬼になる作法を教える。かんなぎがこの夢中の託宣をこの女に告げると、女は喜び勇んで帰り、自室に引きこもって、告げられた通りのいでたちに身をつくろうと、大和大路を南に向かって歩み始めた。これを見た往来の人は、身も心もふるわせるばかりであった。

そして二十一日。満願の日となり、女はついに生きながら鬼となったのだ。鬼になった女は、今日のうちにも憎き男を取り殺して怨みを晴らそうと、急ぎ、都へとのぼっていく。

安倍晴明、男を救う

さて、一方の左衛門、夢見が悪いのに不審をいだき、天文の博士安倍晴明のところに行って、夢解きをしてもらう。もちろん、この安倍晴明は、日本の占い師・呪術師の象徴的存在ともいうべき人物であり、左衛門の夢を占うことなど、雑作《ぞうさ》のないことであった。

晴明はいう。「女の怨みを買い、今夜のうちにもあなたは命を落とすかもしれない」。左衛門は驚き、そして納得する。「実は先日、昔からの妻と離別し、新しい妻を迎えたのですが、もとの妻がこれを怨んで、貴船の社に夜な夜な参り、わたしを呪っている、との噂を耳にしました。もしかしたら、そのためでしょうか」。「おそらくそうでしょう。しかし、神仏へ祈請してのこと、わたしにはどうしようもありません」と、晴明は答えるが、左衛門のことを不憫《ふびん》に思った晴明は、「祈念によって、命を転じ変えてあげるから、あなたは宿に戻り、身を清め、部屋に引き籠って、不浄の心をいだくことなく、ひたすら観音の呪《じゅ》を唱えなさい」と、厳しい物忌《ものい》みをするように教えて、晴明は肝胆を砕いて、鬼神退散の祭儀を執り行なった。おそらく、晴明は泰山府君祭《たいざんふくん》をしたのではなかろうか。

そんなときであった。鬼に変じた女が憎き左衛門の家に着いたのは。鬼女は左衛門の寝室の妻戸《つまど》を踏み破り、なかに侵入して左衛門の枕元に立った。「あらうらめしや、捨てられて、思ひの涙に沈み、人を恨み、夫をかこち、ある時は恋しく、又、あるときは恨めしく、起きても、寝ても、忘れぬ報いは、今こそ白雪の、消えなん命を、今宵《こよい》ぞ、いたはしや、悪しかれと思はぬ山の、峰にだに、人の嘆きは、多かるに、いはんや、年月思ひに沈む、恨み数つもつて、執心の鬼と成りたるも、ことわりなれ、いでいで、さらば命を取らん」と、怨み心の思いのたけを述べたて、左衛門を取っていこうとした。

ところが、そのとき、枕元に三十番神《さんじゅうばんじん》が出現して「妄霊鬼神はけがらはしや、退散せよ、退散せよ」と攻めたてたのだ。さしもの鬼女もたまらず、思いを晴らせないままに退散し、左衛門は命拾いをしたのだった。

陰陽師の呪力の限界

ここまでの物語には、源《みなもとの》頼光《よりみつ》や藤原俊宗などといった武将は、登場しない。強力な呪力をもった呪術師＝陰陽師である安倍晴明が登場して、妖怪＝鬼女を退散させたのである。

こうした記述を見ると思い出すのが、やはり酒呑童子伝説である。あの伝説のなかでも安倍晴明が登場し、京に侵入しようとする酒呑童子の配下の鬼たちを、その呪力で退散させていた。また、鳥羽院を悩ました那須野の狐を退散させた安倍泰成《あべのやすなり》の話も、これと同様の物語であった。それと同様のことを、ここでも行なったわけである。

ところで、晴明の呪力で退散させられた鬼女は、どうなったのだろうか。左衛門のところから退散したものの、鬼女は死んでしまったわけではないからだ。

安倍晴明に追い払われた酒呑童子の配下の鬼も死んだわけではない。また、安倍泰成も、その呪力で美女の正体を老狐と見破り、京の都から追放はしたものの、やはり狐の命を取ったわけではなかった。陰陽師は、どうやら、呪的囲いを設けてその内部に妖怪が侵入しえないようにしたり、侵入してきた妖怪を退散させることはできたが、その命を奪うほどの呪力は持ちあわせていなかったらしい。

なるほど、陰陽師は式神《しきがみ》という一種の使い魔を操って、人を殺すことができた。人を呪い殺すほどの呪力というのは、すごい呪力である。それがために、今日の若者にこの点が注目され、陰陽師は大いに再評価されているようである。しかし、陰陽師にも右に見たように限界があったのだ。このことは肝に銘じておく必要があろう。

この『かなわ』の鬼女もそうであって、晴明に追い払われたものの、なお健在であった。この物語では、鬼女のその後も語っている。すなわち、燃え盛る怨みの念を少しでも鎮めようと、夜な夜な洛中《らくちゅう》に出没し、男がいれば女に化け、女がいれば男に化けて近づき、その命を奪い取ったのであった。このため、洛中では、夜になると、人っ子一人通らなくなってしまったのである。

これを聞いた帝が、源頼光を召し、洛中を騒がす鬼神を平らげよ、との勅命を下す。

こうなれば、物語のその後の展開パターンは、わたしたちにも、もう想像がつく。頼光とその一党が、この鬼女を退治、つまり殺してしまうというパターンが思い浮かぶ。しかし、ここではやや違った展開をする。

宇治の橋姫信仰と丑の時参り

勅命を受けた頼光は、配下の渡辺綱《わたなべのつな》と坂田公時《さかたのきんとき》の両名を召し、「この頃京を騒がしている鬼女を退治せよ」と命じるのだ。頼光は、自分が出陣する必要もなかろうと判断したというわけである。

たしかにその通りで、綱と公時が鬼女を求めて洛中に繰り出し、法城寺のあたりで、例の鬼女に出会うことになるのだが、この鬼女は二人の武将の武力に恐れをなして、すぐさま降参してしまったのである。「鬼神は、この（二人の）いきほひに、おそれて、二人をはなし、宇治川さして、逃げ行くを、逃がさじと、追ひかければ、鬼神かなはじと思ひけん……」。

逃げ出した鬼神は、追跡する二人の武将の気迫に圧倒され（源氏重代の宝刀の霊力に恐れをなして）、二人に、次のような提案（休戦）を願い出たのである。「いまからのちは災いをなさないので、このわたしをどうか弔《とむら》ってほしい。これからはわたしは、この王城を守る神となろう」。こう言い放って、鬼女は宇治川の水のなかに姿を消したのであった。

　この報告を聞いた頼光は、それを帝に奏上したところ、帝はこの鬼女の弔いをすることにする。そして、百人の僧に供養のための法華経を誦させた。

　ところが、この鬼女は、それに感謝しつつも、さらに帝のもとに仕える女房の夢枕に立ち、「宇治川のほとりに、社を建てて私を祀《まつ》ってほしい」と、頼んだのである。そこで帝は、安倍晴明を召し、彼に宇治川のほとりに一社を設け、鬼女を宇治の橋姫と名づけて祀らせることにする。

「諸人、これを仰ぎ奉る。一たび願ひをかくる者、その願成就せずといふことなし、今の世までもあがめけるとかや」

　その通りである。現代でも、なお宇治橋のほとりに、この宇治の橋姫社があって、多くの人々の信仰を集めているのである。

今も残る丑の時参り

　さて、この鬼女はなぜ宇治の宝蔵に収納されなかったのか。答えは簡単である。

　たしかに恐ろしい鬼女であるが、玉藻前のように、王権の打倒などといった大それたことは少しも考えなかったからだ。彼女の怨みは、ただ一人、もとの夫の左衛門にのみ向けられていたにすぎない。彼を殺せなかったから、何の罪もない赤の他人に八つ当たりしていただけなのである。このような鬼女の首をたとえ手に入れたとしても、帝はその権力・権威の象徴物としてこの首を利用するわけにはいかなかったであろう。むしろ、こんな鬼女の首を宇治の宝蔵に納めれば、王権の権威を失墜させることになったかもしれない。

王権にとって、この鬼女は取るに足らない存在であった。ようするに、夫婦喧嘩《げんか》が過激になっただけの事件であるからだ。それが第三者に及んだから退治したまでのことなのである。

しかしながら、この物語のもとになった屋代本『平家物語』以来、この橋姫による丑の時参りは、多くの民衆、おそらくは女性の心をつかんだ。男性支配の社会にあって、女性の最後の抵抗を橋姫のなかに見出したからである。女性たちはこの橋姫にあやかって、心を鬼にして怨むべき男や女を除こうとした。そして、それが近世になって、鬼に変じることなく、ただ丑の時参りをすれば、憎むべき相手が死ぬであろう、という習俗として定着したのである。

わたしは日本各地の民俗調査を行なっているが、その先々で、こうした丑の時参りを目撃したという人に出会っている。

貴船神社では、こうした伝説があるせいだろうか、いまもなお呪いのための参詣者が多いという。ということは、現代でも、なお、人びとの心のなかには鬼が生きているということになるのかもしれない。

原本あとがき

この本で取り上げた、酒呑童子《しゅてんどうじ》、玉藻前《たまものまえ》、是害坊天狗《ぜがいぼうてんぐ》、崇徳《すとく》上皇、紅葉《もみじ》、つくも神、大嶽丸《おおたけまる》、橋姫は、いずれも、日本妖怪変化史に燦然《さんぜん》と輝く足跡を残した鬼神《きじん》・妖怪《ようかい》たちである。

日本妖怪変化史のなかの主要な妖怪の履歴・活躍を、できるかぎりやさしく紹介するということで、この仕事を引き受けたわけであるが、いざ書き始めてみると、これがまことに大変で、まさに天狗道に落ちた怨霊《おんりょう》のように、七転八倒の苦しみの連続であった。結果は、御覧のとおりで、歴史的事実や難解な漢字がならぶ、かなり読みにくいものになってしまったようである。しかし、その分、断片的ではあるが、新知見を随所に織り込んだ、そうとうレベルの高い内容の本になっていると思っている。

いま、若者を中心とした一部の人たちの間で、妖怪がブームなのだそうである。十数年前、まさに興味のおもむくままに、妖怪の研究を始めたころには、指折り数えるほどしかなかった妖怪に関する本も、いまでは、かなりの数になる。この本も、その一冊として、世に送りだされることになるわけである。熱心な妖怪ファンにとっては、満足のゆくものとはいえないかもしれないが、日本の妖怪について興味を持ちだしたばかりの読者にとっては、格好の手引書となっているのではないかと思っている。つまり、この本は、日本妖怪変化史への招待状なのである。

この本を読み終えたいま、読者は、どんな感想を抱いたであろうか。わたしとしては、妖怪の面白さもさることながら、妖怪を通じて、日本人の歴史やその心の世界を、かいまみてもらえたのではなかろうかと考えるのだが、どうであろうか。

わたしにとって、妖怪とは人間と人間との関係のなかから立ち現われてくる幻想であって、しかも、それは自分（たち）の否定的分身であると理解している。それが、あるときは、特定の集団の敵、もしくは影、つまり反権力の象徴として形象化され、また、あるときは、特定の個人の敵、もしくは影として形象化される。したがって、現状を肯定しようとすれば、妖怪は否定されるべき存在となるわけであるが、現状を改善しようとしている者にとっては、肯定すべき存在となるわけである。そのあたりのことを、この本で少しは理解していただけたのではなかろうか。

読者がどちらの側に立つかは、そのときどきで読者自身に決めていただくしかないだろう。もっとも、妖怪好きな読者の答は、わたしには、おおよそ見当がついている。いずれにせよ、妖怪とは、人間という存在をあらためて考えさせてくれる、じつに興味深い存在であるといえるのではなかろうか。

機会があれば、ここで紹介しえなかった、土蜘蛛《つちぐも》、鵺《ぬえ》、藤原千方《ふじわらのちかた》、河童《かっぱ》などについても、紹介・検討を加えてみたいと考えている。

この本は、中学・高校生向けの「小学館スペシャル　ワンダーライフ」に連載した原稿をもとにして作られているため、参考文献をほとんどあげていないが、その作成にあたっては、多くの方々の研究を利用したり、協力を得ている。心から感謝の意を表したい。とくに、ここに御登場を願った妖怪たちには、その霊の安らかならんことを願う。合掌。

小松和彦

一九九二年四月　源頼光ゆかりの多田の閑居にて

本書の原本は一九九二年五月（ライブラリー版、一九九五年八月）に小学館より刊行されました。

小松和彦（こまつ　かずひこ）

1947年東京生まれ。埼玉大学教養学部卒業。東京都立大学大学院博士課程修了。信州大学助教授，大阪大学文学部教授を経て，現在，国際日本文化研究センター所長。専攻は文化人類学・民俗学。著書に『異人論』『悪霊論』『神々の精神史』『神隠し』『妖怪学新考』『異界と日本人』『妖怪文化入門』，『憑霊信仰論』（講談社学術文庫）などがある。

講談社学術文庫

定価はカバーに表示してあります。

日本妖怪異聞録《にほんようかいいぶんろく》

小松和彦《こまつかずひこ》

2007年8月10日　第1刷発行
2023年1月17日　第14刷発行

発行者　鈴木章一
発行所　株式会社講談社
東京都文京区音羽2-12-21 〒112-8001
電話　編集（03）5395-3512
販売（03）5395-4415
業務（03）5395-3615

装　幀　蟹江征治
印　刷　株式会社ＫＰＳプロダクツ
製　本　株式会社国宝社
本文データ制作　講談社デジタル製作

ISBN978-4-06-159830-0

「講談社学術文庫」の刊行に当たって

これは、学術をポケットに入れることをモットーとして生まれた文庫である。学術は少年の心を養い、成年の心を満たす。その学術がポケットにはいる形で、万人のものになることは、生涯教育をうたう現代の理想である。

こうした考え方は、学術を巨大な城のように見る世間の常識に反するかもしれない。また、一部の人たちからは、学術の権威をおとすものと非難されるかもしれない。しかし、それはいずれも学術の新しい在り方を解しないものといわざるをえない。

学術は、まず魔術への挑戦から始まった。やがて、いわゆる常識をつぎつぎに改めていった。学術の権威は、幾百年、幾千年にわたる、苦しい戦いの成果である。こうしてきずきあげられた城が、一見して近づきがたいものにうつるのは、そのためである。しかし、学術の権威を、その形の上だけで判断してはならない。その生成のあとをかえりみれば、その根は常に人々の生活の中にあった。学術が大きな力たりうるのはそのためであって、生活をはなれた学術は、どこにもない。

開かれた社会といわれる現代にとって、これはまったく自明である。生活と学術との間に、もし距離があるとすれば、何をおいてもこれを埋めねばならない。もしこの距離が形の上の迷信からきているとすれば、その迷信をうち破らねばならぬ。

学術文庫は、内外の迷信を打破し、学術のために新しい天地をひらく意図をもって生まれた。文庫という小さい形と、学術という壮大な城とが、完全に両立するためには、なおいくらかの時を必要とするであろう。しかし、学術をポケットにした社会が、人間の生活にとってより豊かな社会であることは、たしかである。そうした社会の実現のために、文庫の世界に新しいジャンルを加えることができれば幸いである。

一九七六年六月

野間省一

C・レヴィ＝ストロース著／室　淳介訳
悲しき南回帰線（上）（下）
「親族の基本構造」によって世界の思想界に波紋を投じた著者が、アマゾン流域のカドゥヴェオ族、ボロロ族など四つの部族調査と、自らの半生を紀行文の形式でみごとに融合させた「構造人類学」の先駆の書。
711・712

宮本常一著（解説・田村善次郎）
民間暦
民間に古くから伝わる行事の底には各地共通の原則が見られる。それらを体系化して日本人のものの考え方、労働の仕方を探り、常民の暮らしの折り目をなす暦の意義を詳述した宮本民俗学の代表作の一つ。
715

宮本常一著（解説・山崎禅雄）
ふるさとの生活
日本の村人の生き方に焦点をあてた民俗探訪。祖先の生活の正しい歴史を知るため、戦中戦後の約十年間にわたり、日本各地を歩きながら村の成立ちや暮らしの仕方、古い習俗等を丹念に掘りおこした貴重な記録。
761

宮本常一著（解説・田村善次郎）
庶民の発見
戦前、人々は貧しさを克服するため、あらゆる工夫を試みた。生活の中で若者をどう教育し若者はそれをどう受け継いできたか。日本の農山漁村を生きぬいた庶民の内側からの目覚めを克明に記録した庶民の生活史。
810

折口信夫著（解説・岡野弘彦）
日本藝能史六講
まつりと神、酒宴とまれびとなど独特の鍵語を駆使して藝能の発生を解明。さらに田楽・猿楽から座敷踊りまで日本の歌謡と舞踊の歩みを通観。藝能の始まりと展開を平易に説いた折口民俗学入門に好適の名講義。
994

柳田國男著（解説・桜田勝徳）
新装版**明治大正史　世相篇**
柳田民俗学の出発点をなす代表作のひとつ。明治・大正の六十年間に発行されたあらゆる新聞を渉猟して得た資料を基に、近代日本人のくらし方、生き方を民俗学的方法によってみごとに描き出した刮目の世相史。
1082

山折哲雄著
仏教民俗学
日本の仏教と民俗は不即不離の関係にある。日本人の生活習慣や行事、民間信仰などを考察しながら、民衆に育まれてきた日本仏教の独自性と日本文化の特徴を説く。仏教と民俗の接点に日本人の心を見いだす書。

1085

宮本常一著（解説・神崎宣武）
民俗学の旅
著者の身内に深く刻まれた幼少時の生活体験と故郷の風光、そして柳田國男や渋沢敬三ら優れた師友の回想など生涯にわたり歩きつづけた一民俗学徒の実践的踏査の書。宮本民俗学を育んだ庶民文化探求の旅の記録。

1104

小松和彦著（解説・佐々木宏幹）
憑霊《ひょうれい》信仰論
日本人の心の奥底に潜む神と人と妖怪の宇宙。闇の歴史の中にうごめく妖怪や邪神たち。人間のもつ邪悪な精神領域へ踏みこみ、憑霊という宗教現象の概念と行為の体系を介して民衆の精神構造＝宇宙観を明示する。

1115

吉野裕子著（解説・村上光彦）
蛇　日本の蛇信仰
古代日本人の蛇への強烈な信仰を解き明かす。注連縄・鏡餅・案山子は蛇の象徴物。日本各地の祭祀と伝承に鋭利なメスを加え、洗練と象徴の中にその跡を隠し永続する蛇信仰の実態を、大胆かつ明晰に論証する。

1378

筑紫申真著（解説・青木周平）
アマテラスの誕生
皇祖神は持統天皇をモデルに創出された！　壬申の乱を契機に登場する伊勢神宮とアマテラス。天皇制の宗教的背景となる両者の生成過程を、民俗学と日本神話研究の成果を用いダイナミックに描き出す意欲作。

1545

赤坂憲雄著（解説・小松和彦）
境界の発生
現今、薄れつつある境界の意味を深く論究。生と死、昼と夜などを分かつ境はいまや曖昧模糊。浄土や地獄も消え、生の手応えも稀薄。文化や歴史の昏がりに埋もれた境界の風景を掘り起こし、その意味を探る。

1549

池田弥三郎著
性の民俗誌
民俗学的な見地からたどり返す、日本人の性。一夜妻、一時女郎、女のよばい等、全国には特色ある性風俗が伝わってきた。これらを軸とし、民謡や古今の文献に拠りつつ、日本人の性への意識と習俗の伝統を探る。

1611

宮本常一著（解説・網野善彦）
日本文化の形成
民俗学の巨人が遺した日本文化の源流探究。生涯の実地調査で民俗学に巨大な足跡を残した筆者が、日本文化の源流を探査した遺稿。畑作の起源、海洋民と床住居など、東アジア全体を視野に雄大な構想を掲げる。

1717

野本寛一著（解説・赤坂憲雄）
神と自然の景観論　信仰環境を読む
日本人が神聖感を抱き、神を見出す場所とは？　人々を畏怖させる火山・地震・洪水・暴風、聖性を感じさせる岬・洞窟・淵・滝・湾口島・沖ノ島・磐座などの自然地形。全国各地の聖地の条件と民俗を探る。

1769

石毛直道著
麺の文化史
麺とは何か。その起源は？　伝播の仕方や製造法・調理法は？　厖大な文献を渉猟し、「鉄の胃袋」をもって精力的に繰り広げたアジアにおける広範な実地踏査の成果をもとに綴る、世界初の文化麺類学入門。

1774

西田正規著
人類史のなかの定住革命
「不快なものには近寄らない、危険であれば逃げてゆく」という基本戦略を捨て、定住化・社会化へと方向転換した人類。そのプロセスはどうだったのか。遊動生活から定住への道筋に関し、通説を覆す画期的論考。

1808

五来《ごらい》　重《しげる》著（解説・上別府　茂）
石の宗教
日本人は石に霊魂の存在を認め、独特の石造宗教文化を育んだ。積石、列石、石仏などは、先祖たちの等身大の信心の遺産である。これらの謎を解き、記録に残らない庶民の宗教感情と信仰の歴史を明らかにする。

1809

外国人の日本旅行記

ニコライ著／中村健之介訳
ニコライの見た幕末日本
幕末・維新時代、わが国で布教につとめたロシアの宣教師ニコライの日本人論。歴史・宗教・風習を深くさぐり、鋭く分析して、日本人の精神の特質を見事に浮き彫りにした刮目すべき書である。本邦初訳。

393

S・ウォシュバン著／目黒真澄訳（解説・近藤啓吾）
乃木大将と日本人
著者ウォシュバンは乃木大将をFather Nogiと呼んだ。この若き異国従軍記者の眼に映じた大将の魅力は何か。本書は、大戦役のただ中に武人としてギリギリの理想主義を貫いた乃木の人間像を描いた名著。

455

B・タウト著／森　儁郎《としお》訳（解説・持田季未子）
ニッポン
憧れの日本で、著者は伊勢神宮や桂離宮に清純な美の極致を発見して感動する。他方、日光陽明門の華美を拒みその後の日本文化の評価に大きな影響を与えた。世界的な建築家タウトの手になる最初の日本印象記。

1005

B・タウト著／森　儁郎《としお》訳（解説・佐渡谷重信）
日本文化私観
世界的建築家タウトが、鋭敏な芸術家的直観と秀徹した哲学的瞑想とにより、神道や絵画、彫刻や建築など日本の芸術と文化を考察し、真の日本文化の将来を説く。名著『ニッポン』に続くタウトの日本文化論。

1048

R・フォーチュン著／三宅　馨訳（解説・白幡洋三郎）
幕末日本探訪記　江戸と北京
世界的プラントハンターの幕末日本探訪記。英国生まれの著名な園芸学者が幕末の長崎、江戸、北京を訪問。珍しい植物や風俗を旺盛な好奇心で紹介し、桜田門外の変や生麦事件の見聞も詳細に記した貴重な書。

1308

H・シュリーマン著／石井和子訳
シュリーマン旅行記　清国・日本
シュリーマンが見た興味尽きない幕末日本。世界的に知られるトロイア遺跡の発掘に先立つ世界旅行の途中で、日本を訪れたシュリーマン。執拗なまでの探究心と旺盛な情熱で幕末日本を活写した貴重な見聞記。

1325

日本の古典

次田真幸全訳注
古事記（上）（中）（下）
本書の原典は、奈良時代初めに史書として成立した日本最古の古典である。これに現代語訳・解説等をつけ、素朴で明るい古代人の姿を平易に説き明かし、神話・伝説・文学・歴史への道案内をする。（全三巻）
207〜209

上坂《うえさか》信男全訳注
竹取物語
日本の物語文学の始祖として古来万人から深く愛された「かぐや姫」の物語。五人の貴公子の妻争いは風刺を盛った民俗調が豊かで、後世の説話・童話にも発展する。永遠に愛される素朴な小品である。
269

佐藤一斎著／川上正光全訳注
言志四録《げんししろく》（一）〜（四）
江戸時代後期の林家の儒者、佐藤一斎の語録集。変革期における人間の生き方に関する問題意識で貫かれた本書は、今日なお、精神修養の糧として、また処世の心得として得難き書と言えよう。（全四巻）
274〜277

川口久雄全訳注
和漢朗詠集《わかんろうえいしゅう》
王朝貴族の間に広く愛唱された、白楽天・菅原道真の詩、紀貫之の和歌など、珠玉の歌謡集。詩歌管絃に秀でた藤原公任の感覚で選びぬかれた佳句秀歌は、自然の美をあまねく歌い、男女の愛怨の情をつづる。
325

中田祝夫《のりお》全訳注
日本霊異記《りょういき》（上）（中）（下）
日本霊異記は、南都薬師寺僧景戒の著で、日本最初の仏教説話集。雄略天皇（五世紀）から奈良末期までの説話百二十篇ほどを収めて延暦六年（七八七）に成立。奇怪譚・霊異譚に満ちている。（全三巻）
335〜337

阿部俊子全訳注
伊勢物語（上）（下）
平安朝女流文学の花開く以前、貴公子が誇り高く、颯爽と行動してひたむきな愛の遍歴をした。その人間悲哀の相を、華麗な歌の調べと綯い合わせ纒め上げた珠玉の歌物語のたまゆらの命を読み取ってほしい。
414・415

文学・芸術

吉川幸次郎著（解説・興膳　宏）
中国文学入門
三千年というとほうもなく長い中国文学の歴史の特質は何かを、各時代各ジャンルの代表的作品例に即して、また、西洋文学との比較を通してわかり易く解明。ほかに、『中国文学の四時期』など六篇を収録。

23

東山魁夷《かいい》著
日本の美を求めて
日本画壇の第一人者、あくなき美の探究者東山画伯が、日本の風景への憧憬と讃歌を綴る随想と講演あわせて五篇を収録する。自然との邂逅とその感動が全篇を貫いて響き、日本美の根源へと読者を誘う好著。

95

井本農一《のういち》著
芭蕉入門
芭蕉が芸術の境地を確立するまでには、さまざまの試行錯誤があった。その作品には俳諧の道を一筋に追い求めた男のきびしい体験が脈打っている。現代人に共感できる人間芭蕉を浮き彫りにした最適の入門書。

122

上坂《うえさか》信男全訳注
竹取物語
日本の物語文学の始祖として古来万人から深く愛された「かぐや姫」の物語。五人の貴公子の妻争いは風刺を盛った民俗調が豊かで、後世の説話・童話にも発展する。永遠に愛される素朴な小品である。

269

川口久雄全訳注
和漢朗詠集《わかんろうえいしゅう》
王朝貴族の間に広く愛唱された、白楽天・菅原道真の詩、紀貫之の和歌など、珠玉の歌謡集。詩歌管絃に秀でた藤原公任の感覚で選びぬかれた佳句秀歌は、自然の美をあまねく歌い、男女の愛怨の情をつづる。

325

阿部俊子全訳注
伊勢物語（上）（下）
平安朝女流文学の花開く以前、貴公子が誇り高く、颯爽と行動してひたむきな愛の遍歴をした。その人間悲哀の相を、華麗な歌の調べと絢い合わせ纒め上げた珠玉の歌物語のたまゆらの命を読み取ってほしい。

414・415

高階《たかしな》秀爾《しゅうじ》著

フランス絵画史 ルネッサンスから世紀末まで

十六世紀から十九世紀末に至る四百年間は、フランス精神が絵画の上に最も美しく花開いた時代である。美の様式を模索する芸術家群像とその忘れ難い傑作の系譜を、流麗な文章で辿る本格的通史。文庫オリジナル。

894

小泉八雲著／平川祐弘《ひらかわすけひろ》編

怪談・奇談

一八九〇年に来日以来、日本と日本の文化を深く愛し続けた小泉八雲。本書は、彼の作として知られている「耳なし芳一」「轆轤首」「雪女」等の怪談・奇談四十二篇を新訳で収録。さらに資料として原拠三十篇を翻刻した。

930

小泉八雲著／平川祐弘編

日本の心

障子に映る木影、小さな虫、神仏に通じる参道――名もない庶民の生活の中に、八雲は「無」や「空」の豊かな美しさを見た。異国の詩人が見事に描いた古き良き日本。八雲文学の中心に位置する名編。

938

小泉八雲著／平川祐弘編

明治日本の面影

美しい風土、様々な人との出会い。八雲は日本各地を旅し、激しい近代化の波の中で失われつつある明治日本の気骨と抒情を、愛惜の念をこめてエッセーに綴った。懐かしい明治日本によせた八雲の真情を読む。

943

小泉八雲著／平川祐弘編

神々の国の首都

出雲の松江という「神々の国の首都」での見聞を八雲は新鮮な驚きにみちた眼で把えた。明治二十年代の一地方都市とその周辺の風物、人々の姿を鮮やかに描いた名著。みずみずしい感動に溢れた八雲の日本印象記。

948

吉田秀和著（解説・川村二郎）

モーツァルト

わが国の音楽批評の先導者・吉田秀和の出発点にはベートーヴェンでもバッハでもなくモーツァルトの音楽があった。楽曲の細部に即して語りつつ稀有の天才の全体像を構築した、陰影に富むモーツァルト論集。

949

田中英道著
日本美術全史 世界から見た名作の系譜

将軍万福、国中連公麻呂、定朝、運慶、雪舟、尾形光琳、池大雅、北斎、広重、鉄舟、藤田嗣治……。縄文から現代まで、「普遍的価値」がある国際的名品を厳選し、日本美術史を再構築する。図版五〇〇点超を収録。

2107

布目潮渢訳注
茶経 全訳注

中国唐代、「茶聖」陸羽によって著された世界最古の茶書。茶の起源、製茶法から煮たて方や飲み方など、茶のあらゆる知識を科学的に網羅する「茶の百科全書」を豊富な図版を添えて読む、喫茶愛好家必携の一冊。

2135

神野志隆光著
古事記とはなにか 天皇の世界の物語

黄泉国は決して「死」をめぐる神話ではない。高天原は古事記にあって日本書紀にはない。記紀を同列に見る俗説を排し、天皇の世界たる「天下」を語る物語として、古事記の厳密な読みを提示した画期的力作。

2190

安楽庵策伝著／宮尾與男訳注
醒睡笑 全訳注

うつけ・文字知顔・堕落僧・上戸・うそつきなど、庶民がつくる豊かな笑いの世界。のちの落語、近世笑話集や小咄集に大きな影響を与えた。慶安元年版三百十一話に、現代語訳、語注、鑑賞等を付した初めての書。

2217

山田英雄著（解説・山田貞雄）
日本書紀の世界

なぜ「日本書」でも「日本紀」でもなく「書紀」なのか——。あるいは、編纂者は誰か、元にした史書は何かなど成立の問題から、各巻の内容の的確な紹介まで、学術的でありながら平易に叙述した最良の入門書。

2220

ダンテ・アリギエリ著／原 基晶訳
神曲 地獄篇

ウェルギリウスに導かれて巡る九層構造の地獄。地獄では生前に悪をなした教皇、聖職者、作者の政敵が、神による過酷な制裁を受けていた。原典に忠実で読みやすい新訳に、最新研究に基づく丁寧な解説を付す。

2242

神曲　煉獄篇
ダンテ・アリギエリ著／原　基晶訳

知の麗人ベアトリーチェと出会い、地上での罪の贖いの場＝煉獄へ。ダンテはここで身を浄め、自らを高めていく。ベアトリーチェに従い、ダンテは天国に昇る。古典の最高峰を端整な新訳、卓越した解説付きで読む。

2243

神曲　天国篇
ダンテ・アリギエリ著／原　基晶訳

天国では、ベアトリーチェに代わる聖ベルナールの案内により、ダンテはついに神を見て、合一を果たし、三位一体の神秘を直観する。そしてついに、三界をめぐる旅は終わる。古典文学の最高峰を熟読玩味する。

2244

俳句と川柳
復本一郎著

俳句も川柳も同じ十七音の文芸。季語や切字の有無だけでは区別できない。ではその違いとは――新旧の名句を鑑賞し、俳人や川柳作家の創作観を紹介しながらそれぞれの本質を探る。鑑賞にも創作にも必読の書。

2246

民話の世界
松谷みよ子著

赤神と黒神、福の神と貧乏神、つつじのむすめ、小泉小太郎、そして龍の子太郎……。戦後児童文学の開拓者にして、長く民話の採録・再話に取り組んだ著者が描き出す、民衆の〈語り〉とその豊穣の世界へ。

2251

三国志演義（一）～（四）
井波律子訳

中国四大奇書の一冊。後漢王朝の崩壊後、群雄割拠の時代から魏、蜀、呉の三つ巴の戦いを活写する。時代背景や思想にも目配りのきいた、最高の訳文で、劉備、関羽、張飛、諸葛亮たちが活躍する物語世界に酔う。

2257～2260

猫の古典文学誌　鈴の音が聞こえる
田中貴子著

源氏物語から西鶴まで、猫の魅力、猫と共に生きる喜びをいきいきと描いた古典文学を平易な現代語に訳出し、猫と人のドラマを丹念に読み取る。貴重図版も満載。文庫版付録「漱石先生、猫見る会ぞなもし」収録。

2264